ULRIKE AMLER

Alles übers Reiten

BASISWISSEN PFERD
REITEN LERNEN

KOSMOS

Inhalt

    Faszination Reiten   4

Endlich Reiten

Reiten lernen – keine Frage des Alters	8
Das kostet der Reitsport	12
Reiten lernen – aber wie?	14
Reitschul-Check	16
Reitlehrer, zwei- und vierbeinig	18
Individuell oder gesellig?	20
Vielfalt der Reitweisen	22
Bunte Welt des Pferdesports	24

Basiswissen Pferd

Körperbau und Reiteigenschaften	28
Das Wesen des Pferdes	30
Pferde verstehen	32
Wohlfühlklima für Pferde	34

Outfit für Pferd und Reiter

Kleider machen Reiter	38
Sicherheit von Kopf bis Fuß	40
In allen Sätteln zu Hause	42
Gebisse und Zaumzeug	44
Hilfszügel und Bandagen	46
Gute Pflege fürs Equipment	48

Fit fürs Pferd

Sicherheit geht vor	52
Das Einmaleins am Boden	54
Blitzblank geputzt	56
Satteln – Schritt für Schritt	58
Auftrensen – Schritt für Schritt	60
Warm-up für Reiter	62

Grundkurs Reiten lernen

Auf- und Absitzen	66
Erste Übungen an der Longe	68
Die Sache mit der Angst	70
Der Reitersitz	72
Sitzfehler erkennen und beheben	74
Hilfe, die Hilfen!	76
Mit Händen und Füßen	78
Stimme und verlängerte Arme	80
Reiten im Schritt	82
Reiten im Trab	84
Reiten im Galopp	86
Reiten im Tölt und Pass	88
Wissen, wo's langgeht	90
Die Hufschlagfiguren	92
Stellung und Biegung	94
Halbe und ganze Paraden	96
Durchparieren	98
Lösende Übungen	100
Reiten lernen – einmal anders	102

Reiten für Fortgeschrittene

Die Ausbildungsskala	106
Wendungen reiten	108
Die Seitengänge	110
Geschicklichkeit und Harmonie	112
Kleine Hüpfer	114
Große Sprünge	116
Höhenflüge und tiefe Täler	118
Reit-Know-how mit Brief und Siegel	120
Der erste Turnierstart	122
Raus in die Natur	124
Hindernisse im Gelände	126
Ausritte in der Gruppe	128
Sicher im Straßenverkehr	130
Selbstständig reiten	132

Service

Kleines Lexikon	136
Zum Weiterlesen	138
Nützliche Adressen	139
Register	140

Faszination Reiten

Sind wir nicht alle tief im Herzen Cowboys, Indianer, Wikinger oder Ritter? Wie sonst sollte man erklären, dass sich der Reitsport so großer Beliebtheit erfreut. Schließlich zieht es nicht nur junge Mädchen aufs Pferd. Reiten ist ein Familiensport und immer mehr junge, nicht mehr ganz junge oder sogar ältere Erwachsene erfüllen sich den Traum, eins zu sein mit dem faszinierenden Wesen Pferd.

Doch bis der Traum in Erfüllung geht, ist der Weg oft lang und erfordert vom Reiter viel Geduld, aber auch die Fähigkeit, sich immer wieder kritisch zu hinterfragen und den Willen, an sich selbst zu arbeiten. Wer sich darauf einlässt, erfährt einen wunderschönen, vielseitigen Sport.

Reiten bewegt

Kaum eine andere Sportart erfordert vom Menschen so viel Körperbeherrschung, vom Kopf bis zu den Fußspitzen. Reiten schult vor allem die Feinmotorik und stabilisiert den Körper – ein hervorragender Ausgleich zum heute meist einseitig belastenden und immobilen Arbeits- oder Schulalltag. Auch deshalb gilt Reiten als ideale Therapie bei körperlichen Beschwerden und wird sogar bei Rückenproblemen von Ärzten empfohlen. Reiten bringt den Menschen ins Gleichgewicht, und das nicht nur körperlich, sondern auch seelisch.

Reiten trainiert nahezu alle Muskelpartien. Es fördert aber auch mentale Fähigkeiten wie Einfühlungsvermögen und Geduld.

Reiten entspannt

Wer reitet, lässt sich auf ein großes, uns körperlich weit überlegenes Wesen ein, das uns lehrt, mit Kraft und Energie ruhig umzugehen.

Die weichen Bewegungen des Pferdes nehmen uns mit. Auf dem Pferderücken können wir die unruhige, pulsierende und aufputschende Umwelt ausblenden. Nirgendwo sonst als auf dem Pferd lassen sich Natur, Wildtiere, Wald und Flur so ursprünglich und nah erleben.

Pferde lehren uns, im Umgang mit ihnen ruhig zu werden. Winston Churchill sagte einmal, es gebe nichts Besseres für das Innere des Menschen, als mit einem Pferd nach draußen zu gehen.

Reiten lehrt Vertrauen

Gegenseitiges Vertrauen zwischen Reiter und Pferd ist die Grundvoraussetzung zum Reiten. Das Fluchttier Pferd schließt sich uns an und folgt gehorsam, wenn wir es als „Leittier" vor den Gefahren schützen. Der Reiter vertraut dem Pferd, dass es ihn trittsicher auf dem gemeinsamen Weg trägt und folgsam seinen Aufforderungen nachkommt.

Wer sich auf den Reitsport einlässt, stellt schnell fest, dass sich nichts erzwingen lässt. Falsche Selbsteinschätzung und ungesunder Ehrgeiz führen zu Stillstand in der Entwicklung oder zu herben Rückschlägen. Das Pferd ist der Spiegel unserer Seele und unseres Verhaltens. Wer die Rückmeldungen des Tieres aufmerksam liest, erhält Zugang zu seiner eigenen Fähigkeit zu kommunizieren und dem eigenen Wesen.

Es heißt: Pferde vergessen nichts, aber vergeben alles. Immer wieder aufs Neue geben uns die Tiere die Chance, an uns zu arbeiten und besser, klarer und ausgeglichener zu werden.

Wer auf das Pferd steigt, übernimmt die Verantwortung für das seelische und körperliche Wohlbefinden eines erstaunlichen Wesens, das uns nur scheinbar selbstverständlich trägt.

Um ein Pferd beim Reiten gesund zu erhalten, muss der Mensch viel über das Tier wissen und sich selbst unter Kontrolle haben. Deshalb reicht es nicht aus, sich nach ein paar Unterrichtsstunden halbwegs sicher auf dem Pferd zu bewegen. Reiter und Pferd sind ein kompliziertes System zweier Körper, die, um die Einheit wirklich spüren zu können, stets im Gleichgewicht sein müssen.

Reitenlernen ist ein Prozess, der, einmal angefangen, dem Pferd zuliebe niemals enden darf. Viele schöne Stunden und ein gesundes Pferd sind der Lohn für eine mühevolle, kostenintensive, manchmal auch schmerzhafte, aber konsequente und gute Reitausbildung.

Die Zweisamkeit mit dem Pferd zu genießen, ist das erste und wichtigste Ziel des Reitanfängers.

Reiten schafft Freunde

Der Umgang mit dem Pferd verbindet viele Menschen aller Altersgruppen. Reiten ist heute Breitensport und Menschen unterschiedlicher Herkunft verbringen ihre Freizeit mit den Vierbeinern. Dabei ist der Reitsport so facettenreich, dass er für Ruhe suchende Menschen ebenso Erfüllung ist wie für sportlich orientierte. Ob allein in der Natur, gemeinsam auf Wanderritten oder auf dem Turnier: Überall finden Pferdefreunde Gleichgesinnte, unter denen Freundschaften wachsen.

Wer sich auf die Welt der Pferde einlässt und sich um einen fairen, artgerechten Umgang bemüht, kann sich der Freundschaft und Dankbarkeit der faszinierenden Vierbeiner sicher sein und darf teilhaben an ihrer Größe, Kraft und Energie.

Endlich reiten

Reiten lernen – keine Frage des Alters

Ob Dreikäsehoch oder rüstiger Rentner: Der Einstieg in den Reitsport ist in beinahe jedem Alter möglich. Reiten ist deshalb in den letzten Jahrzehnten ein richtiger Familiensport geworden, an dem alle Generationen Spaß finden. Dazu beigetragen haben auch die verschiedensten Rassen unterschiedlicher Größe, Kaliber und Gangausstattung, die seit Mitte des vorigen Jahrhunderts in die Ställe eingezogen sind.

Reiten ist eine Lifetime-Sportart und darüber hinaus auch ausgesprochen gesund für Körper und Geist. Schließlich bewegen sich Reiter – wenn sie sich nicht nur mit der Reithalle begnügen – viel an der frischen Luft.

Schon lange leistet der Reitsport bei der Therapie körperlicher und seelischer Beschwerden gute Dienste. Der Umgang mit Pferden wirkt auf nervöse Zeitgenossen beruhigend, verzagten Geistern macht er Mut und Managern zeigt er neue Wege auf. Reittherapie ist eine anerkannte Heilmethode für verschiedene Beschwerden. Sogar viele Rückengeschädigte finden im Reitsport – man mag es kaum glauben – Linderung.

Was Hänschen lernt ...

Reitkarrieren verlaufen selten geradlinig. Nach einem heftigen Pferdefieber als Kinder und Teenies wenden sich viele Reiter(innen) in der Pubertät anderen Interessen zu. Nach dem Berufseinstieg oder einer Familienpause kehren sie (oft mit den eigenen Kindern) zum Reitsport zurück. Manche Reiter fanden aber auch erst als Erwachsene den Weg aufs Pferd.

Für Kinder und Jugendliche ist der Einstieg in den Reitsport denkbar einfach. Sie sind unbedarft und in der Regel sehr beweglich. In jungen Jahren lernen sie meist mit Leichtigkeit, dem Bewegungsmuster des Pferdes zu folgen und sitzen rasch sicher auf den Vierbeinern.

Immer mehr Erwachsene erfüllen sich noch den Kindheitstraum vom Reiten.

Ferienreitkurse oder einige Jahre Voltigieren sind der klassische Einstieg des Reiternachwuchses. Ein Mindestalter gibt es nicht, doch sollten die Beine lang genug sein, damit das Kind auch aktiv reiten und selbst die Hilfen geben kann. Dazu bedarf es aber auch gut gerittener und regelmäßig von einem erfahrenen Reiter korrigierter Schulponys.

Empfehlenswert ist ein Alter von etwa acht Jahren. Vorher ist es meist schwierig, ein passendes Schulpferd zu finden. Miniponys, die mit den Kindern machen, was sie wollen, sind zwar putzig anzusehen, aber der Umgang ist gefährlich und zu viele Stürze von einem schlecht ausgebildeten Zwerg verderben rasch den Spaß am Reitsport. Außerdem benötigen Kinder zum Reitenlernen ein Mindestmaß an Konzentrationsfähigkeit. Sie ermüdet der Reitunterricht eher geistig als körperlich.

Kinder gehen sehr unbedarft mit dem Pferd um. Ihre Ungezwungenheit ist auch der Grund für schnelle Lernfortschritte. Anleitung und Aufsicht sind aber lange Zeit notwendig, ehe Kinder allein gefahrlos mit Pferden umgehen können.

Kinder genießen nicht nur das Reiten an sich, ihnen sind der Umgang mit den geliebten Vierbeinern und das Putzen, Streicheln und Umsorgen mindestens ebenso wichtig. Außerdem finden sie auf dem Reiterhof oft gleichgesinnte Freunde, mit denen sie auch außerhalb des Reitunterrichts gerne ihre Freizeit verbringen.

Ein kindgerechter Hof, freundliche Pferde und verantwortungsvolles Personal, das rechtzeitig eingreift, wenn die Kleinen es zu bunt auf dem Hof treiben, bieten die ideale Freizeitumgebung für Kinder und Jugendliche. Häufig sieht man sie auch in Reiterstübchen gemeinsam Hausaufgaben machen und zusammen lernen.

Erwachsene gehen meist sehr kopfbetont an den Reitsport heran und bilden sich auch theoretisch weiter.

Die „jungen Alten" auf dem Pferd sehen es lockerer und suchen Gesellschaft und Naturerlebnis.

... lernt auch Hans noch!

Viele Erwachsene erfüllen sich mit dem Einstieg in den Reitsport einen lang gehegten Traum, dessen Verwirklichung in der Kindheit vielleicht am mangelnden Budget und der Zustimmung der Eltern scheiterte, später durch Beruf oder Familie immer wieder aufgeschoben wurde. Sie gehen kopfbetonter an die Sache und suchen statt sportlicher Herausforderung meist Entspannung und den Kontakt zu Gleichgesinnten.

Für den Einstieg in den Reitsport gibt es kein Höchstalter, und so finden oft auch Ruheständler noch aufs Pferd. Späteinsteiger kämpfen aber, anders als Kinder, häufig mit körperlichen Problemen: Verspannungen, Unbeweglichkeit oder mangelnde Fitness machen ihnen vergleichsweise mehr zu schaffen als jungen Reitern. Dafür haben sie in der Regel eine höhere Konzentrationsfähigkeit und ergänzen ihr Wissen aus dem praktischen Reitunterricht durch die intensive Lektüre von zahlreichen Büchern zu speziellen Reit- und Pferdethemen.

Für Erwachsene ist Angst in vielen Fällen ein zentrales Thema. Schließlich mag man sich nicht im Dreck des Reitplatzes blamieren. Auch hätte ein Sturz möglicherweise weitreichende Folgen für den Beruf und die Familie. Späteinsteiger sollten auch aus diesem Grund spezielle Angebote nutzen und sich nicht in Reitstunden mit jungen und ehrgeizigen Reitern, die scheinbar spielend lernen, frustrieren lassen.

Das Lerntempo sollte den körperlichen Fähigkeiten der älteren Schüler angepasst sein. Ideal sind deshalb auch einige Einzelstunden zur Ergänzung des Gruppenunterrichts, in denen auf individuelle Probleme eingegangen wird.

Viele Späteinsteiger wagen – finanziell unabhängig – schon nach vergleichsweise kurzer Zeit den Schritt zum eigenen Pferd, das im Idealfall kräftig, ausgeglichen und ruhig ist. Mit ihm versprechen sie sich unbegrenzte Freiheit, die sie mit Engagement und der ständigen Bereitschaft zur Weiterbildung auch in einer fortgeschrittenen Lebensphase finden.

Unterricht mit Schülern gleichen Alters und Ausbildungsstandes ist sinnvoll. Kinder sind körperlich fit, aber weniger konzentrationsfähig. Erwachsene Reiter wollen theoretischen Background, sind aber meist weniger beweglich.

Einsteigerkurse für Erwachsene

Viele Reiterhöfe haben in ihrem (Urlaubs-)Angebot Einsteigerkurse für Erwachsene. Hier findet man sich unter Gleichgesinnten wieder, die ebenso viel Lust auf, aber genauso wenig Ahnung von Pferden haben.

Erwachsene Reitanfänger unterscheiden sich von Kindern in ihrem Bedürfnis nach Hintergrundwissen. Dem wird durch Theorieunterricht Rechnung getragen. So geht jeder mit einem guten Gefühl ans Pferd und lernt die wichtigen Aspekte des fairen Umgangs mit dem Pferd: Verhalten erkennen, Sicherheitsaspekte, Aufhalftern, Anbinden, Putzen und richtiges Führen. Erst danach steigt man aufs Pferd. Wie schnell man Fortschritte macht, wird häufig per Videoanalyse analysiert.

Am Ende eines solchen Kurses liegt oft schon ein kleiner Ausritt im Schritt und Trab.

Ein sicherer Umgang und gegenseitiges Vertrauen sind für erwachsene Reitanfänger wichtige Aspekte.

Das kostet der Reitsport

Der Reitsport war noch bis vor wenigen Jahrzehnten fast ausschließlich wohlhabenden Menschen vorbehalten. Lediglich in ländlichen Gegenden, wo Pferde auch preiswert hinter dem Haus gehalten wurden oder gar in der Landwirtschaft ihren Hafer verdienten, konnte auch Otto Normalverdiener diesem Hobby frönen. Heute ist Reiten ein Familien- und Breitensport für alle Altersstufen und auch Einkommensschichten.

Wer mit dem Reiten beginnt, hat meist nur vage Vorstellungen, wohin seine Entwicklung geht. Während der eine das eigene Pferd in ferner Zukunft sicher im Auge hat, begnügt sich ein anderer mit regelmäßigen Reitstunden und gelegentlichen Reiturlauben. Für beides braucht man Zeit und Geld, doch in ganz unterschiedlichem Umfang.

Eine Frage der Zeit

Der Zeitaufwand für den wöchentlichen Reitunterricht ist überschaubar: Von der Anfahrt zum Stall abgesehen, hat man in rund zwei Stunden ein Pferd geputzt und gesattelt, ist eine Stunde geritten und hat das Tier anschließend versorgt.

Wer aber fortgeschrittener ist und endlich selbstständig und unabhängig reiten will, hat die Wahl zwischen einer Reitbeteiligung oder gar einem eigenen Pferd. Ein Reitbeteiligungspferd hat man je nach Absprache zwei- bis dreimal wöchentlich gegen eine Beteiligung an den monatlichen Unterhaltskosten zur Verfügung. Neben ausgiebigen Ritten fallen hier oft noch Pflegearbeiten rund ums Pferd an, wie Ausmisten, zur Koppel bringen oder Hufschmiedtermine. Da wird aus zwei Stunden schnell ein ganzer Nachmittag oder Abend.

Mit einem eigenen Pferd steht man je nach Haltungsform in Box oder Laufstall schnell täglich in der Pflicht, angefangen bei ausreichend Arbeit und Bewegung, Pflege- und Stallarbeiten über Turniere und Lehrgänge an den Wochenenden bis zu geplanten und überraschenden Tierarztterminen. Der Sportpartner wird zum Familienmitglied und sollte von dieser auch uneingeschränkt mitgetragen werden, sonst gibt es schnell Ärger in der Beziehung oder der Familie.

Sparversion oder Luxusvariante?

„Früher hatten wir Zeit und Geld. Heute haben wir Pferde." Ganz unrecht haben Pferdebesitzer damit nicht. Doch keine Bange: Guter Reitunterricht ist heute für fast jeden Geldbeutel erschwinglich. Schließlich braucht man dazu auch kein eigenes Pferd.

Die Höhe der Ausbildungskosten hängt davon ab, ob man Gruppen- oder Einzelunterricht bevorzugt oder vielleicht zahlreiche Longenstunden nimmt. Spezialunterricht wie Tölt- oder Cuttingstunden kosten mehr als der übliche Dressurunterricht. Später kommen unter Umständen Wochenendkurse, Abzeichenlehrgänge oder Nenngelder

Beim Pferdekauf gilt: Die Anschaffung ist der geringste Posten. Über Jahre summieren sich aber die Beträge für Unterhalt, Pflege und Ausbildung.

Angezogen vom Flair einer Szene entscheiden sich viele Reitschüler bewusst für eine bestimmte Reitweise, die Ausrüstung und Tradition der Herkunftsländer pflegt.

für Turniere dazu. Reitunterricht in Reitschulen und auf Reiterhöfen kostet meist mehr als im Verein. Dort bezahlt man allerdings oft eine saftige Aufnahmegebühr und jährliche Vereinsbeiträge. Außerdem sind in der Regel noch Arbeitsstunden auf der Anlage gefordert.

Wer bei seiner Ausrüstung auf gute und robuste Qualität achtet, kann in den Folgejahren eine Menge Geld sparen. Mit einer Reitweste, einer Allwetterjacke, einer guten Reithose und solidem, dem Stall angepasstem Schuhwerk ist man gut ausgestattet.

Beim Reithelm sollte man auf keinen Fall sparen. Doch auch hier gilt: Das teuerste Produkt muss nicht das beste sein. Tests von Fachzeitschriften oder der Stiftung Warentest geben Orientierungshilfe. Nach einem Sturz sollte ein Helm konsequent ausgetauscht werden, egal, wie teuer er war. Auch das Material ermüdet nach einigen Jahren.

Modebewusste Reiter können beim halbjährlichen Kollektionswechsel der Reitsporthersteller und für die aktuellen Modetrends bei Reitmode und Pferdequipment ihr Geld anlegen. Reitbekleidung findet man mit guter Beratung im Fachgeschäft oder im Versandhandel. Auf Flohmärkten, bei Internetauktionen, in Secondhand-Läden, an Schwarzen Brettern der Reitschulen und auch bei der Aktionsware auf Messen kann man Schnäppchen machen, sollte aber genau wissen, was man in welcher Größe braucht und auch die Qualität des Produkts beurteilen können.

Unterricht und Ausrüstung

Unterricht	€
Longenstunde (30 Min)	15–20
Gruppenunterricht (45 Min)	15–20
Einzelunterricht (30 Min)	25–50
Spezialunterricht (Töltstunde)	20–60
geführte Ausritte (1 Stunde)	15–20
Halbtagesritt	60–75
Tagesritt	40–60
Aufnahmegebühr Reitverein	50–400
Jahresbeitrag Reitverein	50–100
Ausrüstung	**€**
Reithose	70–200
Weste	50–100
Jacke	ab 50
Sicherheitsweste	ab 70
Gummistiefel	ab 30
Lederstiefel	150–400
Chaps (Neopren)	ab 20
Helm	70–300
Handschuhe	15–50
Gerte	15–30

Reiten lernen – aber wie?

Richtig Reiten lernen ist ein langer und manchmal holpriger Weg. Umso wichtiger ist es, dass das Umfeld stimmt. Unmotivierte Pferde, mürrische Reitlehrer und ein ungepflegter Reiterhof haben schon manchen Reitschüler dazu veranlasst, die Stiefel recht schnell wieder an den Nagel zu hängen. Doch das muss nicht sein. Die Angebote für guten Reitunterricht sind heute vielfältig. Orientierung geben auch die Plaketten der FN.

Welche Reitweise soll es denn sein?

Meist hat der Reitanfänger eine konkrete Reitweise oder Disziplin vor Augen, wenn er den Entschluss fasst, Reitunterricht zu nehmen. Manchmal ist es aber auch reiner Zufall, in welcher Szene er landet.

Die einzelnen Reitweisen unterscheiden sich in der Basisausbildung des Reiters eigentlich nur unwesentlich. Letztendlich gehen sie alle auf die Grundsätze der klassischen Reitlehre zurück, die seit einigen Hundert Jahren die Ausbildung von Reitern und Pferden lenkt. Die spezifischen Anforderungen und Feinheiten der speziellen Reitweisen werden erst an den fortgeschrittenen Reiter gestellt.

Adressen erhält man über Reitsportverbände und Interessengemeinschaften. Auch das Internet liefert viele Informationen. Je präziser die Vorstellungen sind, umso besser.

Auch mit dem Ausbildungsziel „Feld-Wald-Wiesen-Reiter" sind grundlegende Reitkenntnisse um der Gesundheit der Vierbeiner willen notwendig. Sich erfolgreich auf dem Pferderücken zu halten, ist langfristig zu wenig.

Oft ist der Unterschied zwischen dem sportlich ambitionierten Freizeitreiter und Berufsreitern nur gering. Beide investieren viel Zeit und meist auch Geld in ihren Sport.

Sportler oder Genießer?

Wer den Entschluss fasst, Reiten zu lernen, hat den Ehrgeiz, sich später im sportlichen Wettkampf zu messen oder er möchte seine Freizeit gemütlich auf dem Pferderücken in der Natur genießen. Manche beginnen einfach nur aus Spaß an der Freude zu reiten.

Während der sportlich ambitionierte Reiter später wahrscheinlich in der Dressur-, Spring- oder Vielseitigkeitsszene aktiv ist, fühlen sich die Genießertypen häufig vom Western- oder Gangpferdereiten angezogen. Hier wird die Geselligkeit und das gemeinsame Erleben besonders groß geschrieben. Ohne Wettbewerb geht es aber für viele Menschen heute auch in der Freizeit nicht mehr. Fast alle Reitweisen bieten eine professionelle Turnierszene, in der für den Erfolg auch viel Geld investiert werden kann.

Der „Reiter um des Reitens willen" findet dagegen seine Heimat vielleicht in der Klassischen Reiterei. Hier steht der gemeinsame Ausbildungsweg von Reiter und Pferd bis zur Hohen Schule im Vordergrund.

Ziele jeder guten Grundausbildung

> Ausbalancierter Sitz des Reiters
> Zügelführung mit feiner Hand
> Sichere und aktive Hilfen durch Gewicht, Schenkel und Zügel
> Sicheres und selbstständiges Anreiten, Durchparieren und Lenken in der Gruppe
> Überwinden kleiner Hindernisse
> Angstfreies Reiten unter Anleitung im Gelände
> Kenntnisse über den sicheren Umgang mit Pferden
> Wissen über Pferdehaltung, -pflege, -fütterung und Ausrüstung

Wenn der Reitschüler diese Fähigkeiten sicher beherrscht, kann er nach einigen Schnupperstunden in verschiedenen Reitschulen beurteilen, in welcher Reitweise er glücklich wird. Dies ist meist eine Entscheidung aus dem Bauch heraus, und das ist bei einer so schönen Freizeitbeschäftigung wie dem Reiten nicht verkehrt.

Reitschul-Check

Reiterhöfe und Reitvereine gibt es viele. Mit ein wenig Glück und offenen Augen und Ohren findet der Reitschüler den passenden Ausbildungsbetrieb mit gutem und qualifiziertem Anfängerunterricht auf erstklassigen Schulpferden. Viele Topadressen von Reitlehrern und Trainern setzen leider ein eigenes Pferd und gute Grundkenntnisse voraus. Diese Möglichkeit haben nur wenige Anfänger. Schnupperstunden gewähren aber einen guten Einblick in den gewählten Betrieb.

Preis-Leistungs-Verhältnis

Als Neueinsteiger sollte man sich umhören und Pferdefreunde nach ihren Erfahrungen mit Reitschulen und Reitlehrern fragen.

Der Weg zur Reitschule und die Kosten für eine Unterrichtsstunde sind nicht die wichtigsten Kriterien für die Auswahl. Vielmehr muss das Preis-Leistungs-Verhältnis stimmen. Oftmals sind Reitstunden im Reitverein deutlich günstiger als in einer privaten Reitschule. Doch muss man auch die eventuell fällige Aufnahmegebühr, die regelmäßigen Jahresgebühren und Arbeitsstunden, die abgeleistet werden müssen, berücksichtigen. Hier gilt es zu rechnen.

Oft lohnt es sich, für richtig guten Unterricht auch einen weiteren Weg in Kauf zu nehmen. Der rasche Lernfortschritt entschädigt für die investierte Zeit und die höheren Kosten.

Übrigens: Reitunterricht sollte nicht nur auf dem Pferd stattfinden. Ebenso wichtig ist das Wissen über Pferdeverhalten, Haltungs- und Gesundheitsfragen, aber auch über Pflege und rechtliche Aspekte rund um den Reitsport.

Neben gutem Unterricht ist vor allem das „Drumherum" entscheidend, ob man in der Reitschule oder gar beim Reitsport bleibt.

First class für Schüler, Lehrer und Pferde

In einer guten Reitschule sind die Ställe und die Reitanlage in einem gepflegten Zustand. Ein schönes Ausreitgelände gehört ebenso dazu. Reitplatz und Halle werden möglichst nach jeder Unterrichtsstunde abgeäpfelt und der Hufschlag täglich geebnet. Die Pferde haben saubere, große Boxen und machen einen gut genährten Eindruck. Freundlich und interessiert verfolgen sie ihre Umgebung. Keinesfalls stehen sie teilnahmslos in einer Ecke.

Im Idealfall leben Schulpferde während ihrer „Freizeit" in Gruppenlaufställen an frischer Luft und haben reichlich Auslauf oder Koppelgang. Pferde, die in hellen, luftigen Ställen mit Bewegungsmöglichkeiten und viel Kontakt zu Artgenossen leben dürfen, zeigen ein ausgeglichenes, freundliches Wesen und sind häufig lockerer und leichter zu reiten als in einer Box untergebrachte Schulpferde.

Eine aufgeräumte Sattelkammer und für jedes Pferd ein eigener passender Sattel, eine eigene Trense und sauberes Putzzeug sprechen für einen gut geführten Schulbetrieb.

Oft ist der erste Eindruck beim Betreten eines Hofes schon ausschlaggebend, ob man sich wohlfühlt oder nicht. Bei der Wahl der Reitschule darf das Gefühl ruhig mitentscheiden, denn man möchte sich in seiner Freizeit schließlich gerne hier aufhalten. Gehen Reitschüler und Einsteller freundlich auf neue Interessenten zu und geben

Fortgeschrittene Reiter ohne eigenes Pferd haben es oft schwer, guten Unterricht auf top ausgebildeten Schulpferden zu finden.

bereitwillig Auskunft, wird man sich schnell zurechtfinden und einleben. Fühlt man sich dagegen abgewiesen und ausgeschlossen, wird aus dem neuen Hobby allzu leicht ein Stressfaktor. Das muss nicht sein! Reiten soll Freude machen und Entspannung bieten.

Geiz ist nicht geil

Wer sich bei der Wahl der Reitschule für einen „billigen Jakob" entscheidet, sollte genau hinsehen, denn der Unterhalt einer guten Reitschule hat seinen Preis, und die Einnahmen aus wenigen Reitstunden pro Tag müssen viele Einzelposten entlohnen: Die Ausbildung des Reitlehrers oder Trainers, regelmäßige Fortbildungen und die Löhne für gutes Personal oder Auszubildende verschlingen hohe Beträge. Dazu kommen die Unterhaltskosten für die Schulpferde für Futter, regelmäßige Hufpflege, tierärztliche Versorgung und passende Ausrüstung, zusätzlich Kosten für Pacht oder die Instandhaltung der Reitanlage, der Stallungen und Weiden.

Wer seine Leistungen zu Dumpingpreisen anbietet, muss irgendwo sparen. Hoffentlich aber nicht an Schulpferden, Unterrichtsqualität und Sicherheit! Auch für Schulpferde gibt es ein „Rentenalter" und während jüngere vierbeinige Mitarbeiter ihren Job übernehmen, haben sie ein Recht auf Gnadenbrot und entspannte Tage auf der Koppel.

Reitlehrer, zwei- und vierbeinig

Reiten zu lernen besteht aus Sehen, Fühlen, Erfahren und Selbermachen. Hierfür stehen dem Einsteiger zwei wichtige Partner zur Seite: ein guter Lehrer und ein ebensolches Pferd. Bei beiden muss die Chemie stimmen, damit alle Beteiligten erfolgreich und zufrieden sind. Wenig gute Schulpferde und die Vielzahl an Reitlehrern und Trainern erschweren die Suche ebenso wie die Entscheidung für eine Ausbildungsmethode oder gar Reitweise.

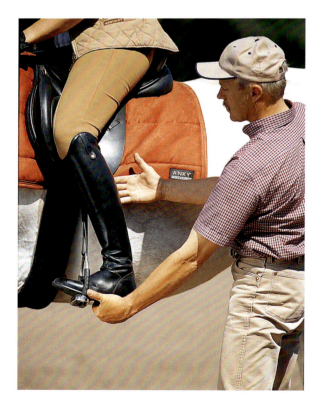

Was den guten Reitlehrer ausmacht

Ein guter Reitlehrer hat im Normalfall eine langjährige Berufsausbildung als Bereiter, Pferdewirt oder Pferdewirtschaftsmeister absolviert. Alternativ können Reitlehrer auch eine Amateurausbildung machen und eine Prüfung als Trainer C, B oder A ablegen. „Reitlehrer" ist aber keine geschützte Berufsbezeichnung, und es gibt auch viele selbst ernannte Reitlehrer ohne spezifische Ausbildung. Doch auch unter ihnen gibt es viele fähige Leute mit einem feinen Händchen für Reiter und Pferde. Letztendlich kommt es auf Aufbau, Methode und Inhalte des Unterrichts an.

Erfolgreiche Sportreiter sind oft gute Reitlehrer, die aus einem reichen Erfahrungsschatz schöpfen können. Unter ihnen gibt es aber auch einige, die

Ein guter Reitlehrer unterrichtet nicht nur nach Schema F, sondern wird – egal ob in der Gruppe oder beim Einzelunterricht – individuelle Probleme ernst nehmen und nach passenden Lösungen suchen.

Schulpferde mit hohem Ausbildungsstand sind rar. In ihnen stecken lange Jahre geduldiger Ausbildung. Wer an einen solchen „Professor" gerät, darf sich glücklich schätzen.

Ein guter Reitlehrer konzentriert sich während des Unterrichts auf seine Schüler. Er widmet sich möglichst allen Schülern gleichmäßig. Lob und Kritik sind sachlich und ausgewogen. Eine kurze Zusammenfassung am Ende der Stunde mit einem Ausblick auf die Inhalte der nächsten Unterrichtseinheit zeichnet Spitzenreitlehrer aus.

Während der Reitstunde lässt der Reitlehrer auch theoretische Hintergründe in den Unterricht einfließen. Er erklärt komplizierte Abläufe verständlich und versteckt sich nicht hinter abstrakten Fachbegriffen und Kommandos. Der Umgangston zwischen dem Reitlehrer und seinen Schülern, aber auch gegenüber den Pferden ist höflich und freundlich. Auch achtet ein guter Reitlehrer darauf, dass der Reiter sein Körpergefühl verbessert und lernt zu fühlen, was richtig und was falsch ist.

Hinsichtlich sicherer und praktischer Reitkleidung sollte der Reitlehrer seinen Schülern ein Vorbild sein und jederzeit aufs Pferd steigen können. Reitschulen, in denen der Reitlehrer sich während der Stunde überwiegend seinem Handy oder den Zuschauern hinter der Bande widmet, sollte man schleunigst den Rücken kehren.

Gute Schulpferde sind rar

„Der Hauptlehrmeister für den jungen Reiter ist nicht sein Reitlehrer, sondern sein richtig gehendes Pferd. Der Reitlehrer, der auf schlecht gerittenen Pferden seinen Schülern etwas beibringen soll, ist ebenso bedauernswert wie der Klavierlehrer, der auf einem verstimmten Instrument unterrichten muss."

Der Reitpädagoge Oberst Waldemar Seunig beschreibt treffend die Achillesferse vieler Reitschulen. Ausbilder beklagen, dass das gute Schulpferd eine vom Aussterben bedrohte Tierart ist. Schließlich soll es gesund, aufmerksam, menschenfreundlich und tolerant gegenüber Anfängerfehlern sein, den Hilfen fortgeschrittener Schüler jedoch willig folgen. Auch nach vielen Stunden Unterricht soll es noch fein reagieren, sicher im Takt sein und zur Losgelassenheit finden.

Gute Schulpferde haben einen freundlichen Charakter und zeigen keine Unarten wie Beißen und Schlagen. Sie lassen sich willig satteln und trensen. Damit erfüllen sie eigentlich höhere Anforderungen als teure Sportpferde. Ideal sind Schulpferde, die eine gute Ausbildung haben, aus dem Flegelalter heraus sind, sportlich erfolgreich waren, aber noch fit genug sind, um ihren Reitschülern ein zufriedener Partner zu sein. Gute Schulpferde bekommen regelmäßig einen Korrekturberitt vom Profi und dürfen zur Entspannung auf gemütliche Ausritte ins Gelände oder auf die Koppel.

zwar Pferde zu Höchstleistungen fördern können, im Umgang mit Reitschülern – vor allem mit Anfängern – aber das nötige Geschick vermissen lassen.

Der Reitlehrer sollte sich bei der ersten Begegnung Zeit nehmen und den Reitschüler nach dessen Grundkenntnissen und Zielen fragen. Er muss auch in der Lage sein, die körperlichen Fähigkeiten, Motivation und Selbstvertrauen des Reitschülers einzuschätzen und ein passendes Pferd auszuwählen. Besonders zu Beginn oder wenn es mal nicht vorwärtsgeht, ist beim Reiten kein „technischer Instruktor", sondern ein sensibler Pädagoge gefragt.

Zum Unterricht gehört vor allem in den ersten Stunden das Putzen, Satteln und Trensen des Pferdes und Theorie rund ums Pferd. Hierbei wird der Reitlehrer auch den sicheren Umgang mit dem Pferd am Boden vermitteln und auf Fragen zum Pferdeverhalten eingehen. Denn das Pferd ist kein lebloses Sportgerät und die Vermittlung eines sicheren und partnerschaftlichen Umgangs, das sogenannte „Horsemanship", durch den Reitlehrer ist selbstverständlich.

Individuell oder gesellig?

So unterschiedlich wie wir Menschen sind, so individuell sind auch unsere Ansprüche an den Reitunterricht. Während der eine sich gerne mal in einer Gruppe versteckt, genießt ein anderer die volle Aufmerksamkeit des Reitlehrers und will in kurzer Zeit möglichst weit kommen. Für alle gibt es passende Angebote – Einzelstunden und Unterricht in Kleingruppen oder in der Abteilung.

Einzelunterricht

Meist sind es eher ehrgeizige Reitanfänger, die in relativ kurzer Zeit Erfolge sehen und erleben wollen. Sie belegen Einzelstunden, die genau auf ihr Niveau abgestimmt sind. Der Reitlehrer kann auf die individuellen Probleme des Schülers leicht eingehen und der Fortschritt richtet sich ganz nach dessen Lerntempo. Allerdings sind die Anforderungen von Anfang an viel höher als beim Unterricht in einer größeren Gruppe. Der Schüler muss die gesamte Unterrichtseinheit konzentriert und aktiv reiten. Schwächeln ist da nicht drin, denn das Pferd würde sofort seine eigenen Wege gehen.

Vor allem am Anfang sind 45 oder gar 60 Minuten Einzelunterricht für den ungeübten Reiter eine große physische und psychische Anstrengung. 30 Minuten sind da völlig ausreichend!

Wer sich im Einzelunterricht durchbeißt, wird bald mit dem Gefühl, das Pferd gut unter Kontrolle zu haben, belohnt. Spätestens wenn der Sitz sicher und gut ausbalanciert ist, darf der Schüler auch schwierigere Aufgaben reiten, was natürlich enorm motiviert. Einzelstunden sind deutlich teurer als Gruppenstunden. Man erreicht mit ihnen aber schneller einen neuen Lernabschnitt. Empfehlenswert sind Einzelstunden für Erwachsene, die flott vorwärtskommen wollen, aber auch für Reiter, die aufgrund eines körperlichen Handicaps, Verspannungen oder Angst eine intensivere Betreuung wollen und erstmal freie Bahn in der Reithalle brauchen.

Einzelunterricht ist eine sinnvolle Ergänzung zum meist günstigeren Gruppenunterricht. Hier können Schwächen individuell beseitigt werden.

Kleingruppen

Unterricht in Kleingruppen mit zwei bis drei Reitern ist intensiv und vereint die Vorteile aus Einzel- und Gruppenunterricht. Der Reitlehrer kann jedem Schüler viel Aufmerksamkeit schenken. Der Reiter hat aber auch die Gelegenheit, zwischendrin in Ruhe das Gehörte umzusetzen und für sich zu üben.

Der Unterricht in Kleingruppen kann in der Abteilung erfolgen, fortgeschrittene Reitschüler können aber auch auf einer Hand durcheinanderreiten. So üben die Schüler auch hier, unabhängig zu reiten. In der Kleingruppe bleibt ausreichend Platz, damit alle gleichzeitig Aufgaben wie zum Beispiel Schenkelweichen reiten können, ohne sich gegenseitig zu behindern. Die Reiter sollten auf dem gleichen Leistungsstand sein, damit niemand über- oder unterfordert wird.

Der Preis für den Unterricht in einer Kleingruppe liegt meist deutlich unter dem für eine Einzelstunde. Vielen macht das Reiten in Gesellschaft auch mehr Spaß. Diese Unterrichtsform eignet sich für all diejenigen besonders, die neben Lernfortschritt auch ein bisschen Unterhaltung unter Gleichgesinnten suchen und denen die Intensität (oder der Preis) einer Einzelstunde zu hoch ist.

Gruppenstunden

Anfängerunterricht findet vor allem bei Kindern und Jugendlichen in Gruppen von sechs bis acht Reitern statt. Mehr als acht Reiter kann aber auch ein guter, routinierter Reitlehrer nicht mehr ausreichend individuell betreuen. Halle oder Reitbahn werden zu voll und Aufgaben können nur noch einzeln geritten und beurteilt werden. In der Zeit müssen die anderen Reitschüler im Schritt ihre Runden drehen. Auch wenn vor allem bei Kindern der Spaß mit anderen pferdeverrückten Gleichaltrigen und das Zusammensein mit ihren Pferden im Vordergrund steht, wollen sie sich dennoch in der Reitstunde nicht langweilen.

Nicht zu groß sollten die Gruppen im Anfängerunterricht sein, damit der Reitlehrer sich ausreichend um jeden Einzelnen bemühen kann.

Der Gruppenunterricht in der Abteilung bietet dem Anfänger zwischendurch immer wieder die Möglichkeit, sich auf seinen Sitz zu konzentrieren und die Pferdebewegung zu erfühlen. Das Pferd wird in der Gruppe brav seine Runden drehen und keinen Unsinn anstellen. Leider hat der Reiter aber auch nicht so viel Gelegenheit, das Gelernte zu überprüfen und zu sehen, ob sein reitbarer Untersatz seinen Hilfen oder nur den Artgenossen folgt. Gruppenunterricht ist ideal für Reiter, die Vertrauen zum Pferd gewinnen möchten.

Auch im Gruppenunterricht gilt: Das Leistungsniveau der Schüler sollte gleich hoch sein. Die Pferdegrößen dürfen dabei auch nicht allzu stark variieren. Warmblüter und Shetty passen nicht in eine Stunde, denn spätestens im Trab laufen die Großen den Kleinen davon und die Pferde behindern sich gegenseitig.

Wie sinnvoll ist Abteilungsreiten?

Abteilungsreiten hat heute oft einen negativen Beigeschmack. Die Pferde laufen hintereinander her und der erste Reiter setzt die Anweisungen des Reitlehrers um. Der Rest der Herdentiere folgt samt Reiter mehr oder weniger von selbst.

Das muss nicht so sein: Gute Reitlehrer fordern regelmäßig auch die Reiter der „zweiten Reihe". Sie lassen immer wieder die Reihenfolge der Abteilung auflösen und jeden Schüler selbstständig vorausreiten. Auch hat man bei mehreren Reitschülern Zeit, die Anweisungen des Reitlehreres unbeobachtet zu erproben.

21

Vielfalt der Reitweisen

Reiten ist eine äußerst facettenreiche Sportart, die viele Geschmäcker trifft. Sportlich Ambitionierte finden im Reitsport ebenso ihre Herausforderung wie Ausdauersportler, naturverbundene Genießer oder Ästheten Ruhe, Entspannung und Genuss finden. Neben den bekannten Turniersportarten Dressur, Springen und Vielseitigkeit gibt es schließlich noch eine Vielzahl sportlicher Disziplinen und unterschiedlicher Reitweisen.

Welcher Reiter in welcher Reitweise oder Disziplin glücklich wird, ist eine Frage des Typs. Schließlich ist Pferd auch nicht gleich Pferd.

Größe, Rasse, Gangveranlagung und Temperament stellen die Rahmenbedingungen für die Einsatzmöglichkeiten des Pferdes und die Anforderungen an den Reiter.

Die Konstitution des Reiters entscheidet ebenso wie sein Selbstvertrauen und sein Durchhaltevermögen darüber, was er sich letztendlich zutraut.

Letztlich fließt auch das „Drumherum" einer Reitweise oder Disziplin in die Entscheidung ein: Inszenierungen Klassischer Reitkunst, kostümtreue Westernreiter mit Fransenhemd, modischer Schick im Dressur- und Springstall oder das saloppe, funktionale Outfit von „Wald- und Wiesenreitern" müssen dem Reiter gefallen. Schließlich wird er in Zukunft einen großen Teil seiner Freizeit im gewählten Umfeld verbringen.

Egal ob Dressur, Springen oder Vielseitigkeit, hier ist immer von der „deutschen" oder „englischen" Reitweise die Rede. Diese ist sachlich und schnörkellos, während in der Klassischen Reitkunst, dem Ursprung der systematischen Ausbildung von Pferden und Reitern, der Kunstaspekt schwerer wiegt.

Jeder Spezialisierung auf eine bestimmte Reitweise oder Disziplin sollte eine solide Dressurausbildung des Reiters vorausgehen.

Das Überwinden einfacher Hindernisse sollte jeder Reiter nach seiner „Grundausbildung" bewältigen können.

Dressur- und Springreiten

Auch wenn der sportliche Wettkampf am Anfang noch kein Thema ist, ist Dressurreiten die Ausbildungsbasis für Reiter und Pferd. Es führt über verschiedene Schwierigkeitsstufen in jahrelangem Training auf höchstes Niveau.

Während einfache Dressur- und Springprüfungen relativ früh auch von unerfahreneren Reitern gut absolviert werden, benötigt man für die höheren Leistungsklassen zur Startberechtigung entsprechende Abzeichen, die die Turnierreife des Reiters bestätigen.

Das Equipment im Dressursport ist nahezu so uniform wie die Pferde: großrahmige Warmblutpferde aus der Sportpferdezucht, im Kinder- und Jugendsport bewegungsstarke und leistungsbereite Reitponys, die kleinere Ausgabe der Sportpferde.

Kleinen Reitern gelingt der Einstieg in den Turniersport meist erst einmal über die Führzügelklasse und kleine Reiterprüfungen. Später folgen Starts in höheren Klassen im Ponysport.

Im Dressursport wird die Erfüllung bestimmter Aufgaben nach einer Punkteskala bewertet. In die Bewertung fließen die korrekte Ausführung und der Ausdruck ein. Je höher die Klasse, umso höher die Anforderungen.

Die „Schulen über der Erde", die man aus den Vorführungen der Klassischen Reiterei kennt, sind jedoch kein Prüfungsbestandteil, stattdessen Seitengänge in allen Gangarten, schwierige Galoppwechsel und Figuren. Die Ausführung der einzelnen Lektionen soll kraftvoll, mühelos und leicht aussehen.

Der Springsport setzt ein großes Maß an reiterlichem Können voraus. Gefordert wird die (fehlerfreie) Überwindung eines Parcours innerhalb eines Zeitlimits. Bestimmt wird die Schwierigkeit von der Art der Hindernisse, deren Kombinationen, den Distanzen und Wendungen. Der Parcours wird meist kurz vor Beginn der Prüfung zur Besichtigung freigegeben und erfordert vom Reiter schnelle Reaktionen, ein gutes Taxiervermögen und eine gute körperliche Verfassung.

Vielseitigkeit für Mutige

Die Vielseitigkeit gilt als Krone im Turnierreitsport. Die Prüfung besteht aus einem Dressurteil, der Geländeprüfung mit spektakulären Hindernissen und dem Jagdspringen im Parcours. Sie erfordert Kraft, Ausdauer und Rittigkeit vom Pferd und ein feines Gespür des Reiters für die Verfassung seines Pferdes. Hier sind mutige Allrounder mit bester Kondition und reiterlichem Know-how gefragt, die ihr Können und das ihres Pferdes richtig einschätzen können.

Nicht jedermanns Sache sind die festen Geländehindernisse in der Vielseitigkeit, früher Military genannt. Hierfür sind Geschick und Mut notwendig.

23

Bunte Welt des Pferdesports

Wem die deutsche Reiterei nicht liegt, der findet in einer Reihe alternativer Reitweisen und Rasseszenen eine vielfältige Auswahl. Westernreiter, Barockreiter und Gangpferdefreunde sind ein buntes Reitervolk. Neben Reitsport und Zucht werden auch Brauchtum und Outfit der Herkunftsländer gepflegt. Turniere und Zuchtschauen sind gleichzeitig geselliger Treffpunkt für interessierte Neulinge und alte Hasen.

Reitkunst

Barockreiter und die Anhänger der Klassischen Reitkunst berufen sich auf die Lehren des Sokratesschülers Xenophon, der bereits 400 Jahre vor Christus seine bekannten Werke „Über die Reitkunst" und „Der Reitoberst" niederschrieb. Seine Nachfolger im Geiste, der französische Stallmeister Antoine de Pluvinel (1555–1620), später auch François Baucher und im 19. Jahrhundert unter vielen anderen die deutschen Reitmeister Louis Seeger und Gustav Steinbrecht (mit seinem berühmten „Gymnasium des Pferdes") haben die pferdefreundlichen Ausbildungsmethoden in reger Diskussion verfeinert. Sie legten die Grundlagen für die heute praktizierte Klassische Reiterei, aber auch für die international anerkannte Skala der Dressurausbildung.

Der (Ausbildungs-)weg ist noch heute das Ziel der Klassischen Reitkunst. Sie erlebt seit Jahren eine Renaissance durch Reiter, denen der Spaß an einer gefühl- und niveauvollen Ausbildung ihrer Pferde gemeinsam ist. Klassische Reitkunst gilt als Inbegriff der Freizeitreiterei und ist mehr Kunst als Handwerk. Sie führt Pferd und Reiter bis zur Hohen Schule.

Ein Ableger der Klassischen Reitweise ist die iberische Gebrauchsreitweise, die Doma Vaquera, mit der die tägliche Arbeit am Rind, aber auch der Stierkampf bestritten wurde. Besonders imposant ist hier der „Tanz" von Reiter und Pferd mit der Garrocha, einem langen, lanzenähnlichen Holzstab.

In der Klassischen Reitweise werden häufig barocke Pferderassen wie Andalusier oder Lusitanos vorgestellt. Auch die Kleidung der Reiter ist typisch.

„Reiten wie auf Wolken", so lautet das Motto der Gangpferdefreunde. Dabei geht es aber auch hier durchaus rasant zu.

Cowboy-Feeling

Authentisches Wildwest-Feeling findet man in der Westernszene. Reitjeans, Chaps und Cowboyhut sind hier schon ein Muss. Die Westerndressur, Reining genannt, hat es mittlerweile sogar zu olympischen Ehren gebracht. Hinter einem scheinbar saloppen Reitstil steht je nach Herkunft der Einfluss der spanischen Reiterei an der US-amerikanischen Westküste in der altkalifornische Reitweise oder die englische Reiterei des Texas Style der Ostküste und des Mittleren Westens.

Neben der Reitweise unterscheiden sich Westernreiter und -pferde vor allem in der Ausrüstung von „traditionellen" Reitern: Der typische Westernsattel hat eine breite Auflagefläche und meist ein Horn, das zum raschen Fixieren des Lassos diente. Neben blanker Kandare und dem sogenannten Snaffle Bit, einer Art Wassertrense, sieht man häufig auch gebisslose Zäume wie Bosal oder Sidepull.

Letztlich orientieren sich die Aufgaben des Westernsports noch immer an den Anforderungen der Gebrauchsreiterei, der täglichen Rancharbeit und der Arbeit am Rind. Zu den Westerndisziplinen gehören das Reining (das als „Dressur der Westernreiter" gilt), der Trail mit seinen Geschicklichkeitsaufgaben, Pleasure und Halter und das Cutting, bei dem mit Rindern gearbeitet wird.

Im Sport dominieren die amerikanischen Rassen Quarter Horse, Appaloosa und Paint, doch auch Haflinger und andere europäische Rassen ernten Lorbeeren.

Pferde mit mehr als drei Gängen

„Pferde für Pfaffen und Weiber" wurden die mittelalterlichen Zelter, überwiegend kleine, kräftige, töltende Pferde, spöttisch genannt. Schließlich nahm man es zu der Zeit mit der Gangverteilung nicht so genau wie heute und mancher Tölter lief eher Schweine- oder Reisepass.

Als Ursula Bruns Buch „Dick und Dalli und die Ponys" unter dem Titel „Die Mädels vom Immenhof" verfilmt und zum großen Erfolg wurde, kamen Mitte des vorigen Jahrhunderts die ersten Isländer auf den Kontinent. Sie waren die Vorhut der in Europa durch konsequente Zuchtauswahl im Hinblick auf Kavallerie- und Kutscheneignung „ausgestorbenen" Gangpferde.

In den folgenden Jahrzehnten folgten weitere Gangpferderassen vom amerikanischen Kontinent. Die Gangveranlagung all dieser Rassen geht auf ihre iberischen Vorfahren zurück, die als Veredler und Auswanderer in vielen Zuchtgebieten Europas und Amerikas aktiv waren und in manch anderer Rasse, wie zum Beispiel den Welsh Cobs, immer wieder mit einem Tölter auf ihre ruhmreiche Geschichte hinweisen.

Je nach Rasse zeigen Gangpferde den taktklaren Tölt oder zu Trab und Pass verschobene Taktvarianten. Heute hat sich auch bei den Gangpferdefreunden eine professionelle Turnierszene etabliert, die sich in nationalen und internationalen Wettbewerben misst.

Gangpferde sind aufgrund ihrer Größenvarianz zwischen 135 cm kleinen Isländern und 165 cm großen American Saddlebreds eine interessante Alternative für Pferdefreunde, die es gerne etwas handlicher haben.

Tempo und Action sind beim turniermäßigen Westernreiten angesagt. Das „Cutting" erinnert an die Arbeit des Cowboys mit den Rindern.

Basiswissen Pferd

Körperbau und Reiteigenschaften

Die heutigen Pferderassen sind das Ergebnis gezielter Selektion verschiedener Eigenschaften für die jeweilige Verwendung. Während Reitpferde bis zum Frühmittelalter relativ handlich und meist ponygroß waren, wurden zur Zeit der Ritter schwerere und vor allem im Gleichschritt laufende dreigängige Pferde gefragt. Heute steht bei den meisten Rassen die sportliche Bestimmung und damit die Reiteignung im Vordergrund.

Ein altes Sprichwort sagt, ein gutes Pferd habe keine Farbe. Andere Merkmale wie Hals, Rücken oder die Stellung der Gliedmaßen dagegen sind manchmal entscheidend, ob ein Pferd für eine bestimmte Disziplin geeignet ist oder nicht.

Größe und Kaliber – das ist das Verhältnis von Gewicht zu Körpergröße – sind rasseabhängig. Das Stockmaß vom Boden bis zum Widerrist wird in Zentimetern angegeben. Seltener ist das Bandmaß.

Die Tragfähigkeit des Pferdes ist abhängig von der Stabilität der Knochen und der Gelenkstärke. Deshalb kann auch manch stämmiges Kleinpferd besser mit dem Gewicht eines schweren Reiters umgehen als ein zierliches Großpferd.

Kopf und Mähne eines Pferdes sind lediglich eine Frage des Geschmacks. Spätestens ab dem Genick aber bestimmt quasi jeder Zentimeter Pferd über die Frage der Reiteignung – im Allgemeinen und für spezielle Disziplinen.

Schon die Form des Halses, der „Balancierstange" des Pferdes, beeinflusst die Gebrauchsfähigkeit. Der Hals sollte ausreichend lang und hoch angesetzt sein, die Oberlinie dabei länger als die Unterlinie. Ein Schulpferd mit dickem Unterhals wird sich nur schwer durchs Genick reiten lassen. Wichtig ist deshalb die sogenannte Ganaschenfreiheit.

Es gibt Pferde mit kurzem und langem Rücken. Quadratpferde lassen sich meist leichter versammeln, Rechtecktypen sind oft bequemer zu sitzen. Der Rücken soll immer gut geschwungen sein.

Nicht alle Pferde haben frei laufend so viel Ausstrahlung wie dieser Schimmel.

Der „Antrieb" des Pferdes liegt in der Hinterhand. Form und Bemuskelung der Kruppe geben Aufschluss über das Maß an Tragkraft (Versammlung) oder Schubkraft des Pferdes.

Die Beine sind das Betriebskapital des (Schul-)Pferdes. Kleinere und größere Fehlstellungen müssen jedoch nicht zwingend auch zu langfristigen Gesundheitsbeeinträchtigungen führen. Die Fessel ist die Verbindung zwischen Röhrbein und Huf und dient als Stoßdämpfer der Pferdebeine. In Normalstellung bilden Vorderbeine einen Winkel von 45 Grad, Hinterbeine einen Winkel von 50 Grad. Der Fesselstand entscheidet auch über die Bequemlichkeit eines Pferdes: Steile Fesseln haben einen harten Gang zur Folge, „weich" gefesselte Pferde sind angenehmer zu sitzen. Beide Typen neigen jedoch zu vorzeitigem Verschleiß.

In Verlängerung der Fessel sitzt der Huf, der aus einer sehr harten, aber dennoch elastischen Hornwand, der Sohle und dem weicheren Strahl an der Unterseite besteht. Er umgibt eine lebendige Konstruktion aus Knochen, Sehnen und Blutgefäßen.

Die Pferdehufe sind wie vier zusätzliche Herzen. Sie pumpen bei jeder Bewegung das Blut aus den Gliedmaßen zurück zum Herzen.

Die meisten Pferde werden unter guten Reitern „schöner". Reiten ist Kunsthandwerk. Wer ein Händchen dafür hat, wird durch einen in jeder Hinsicht glänzenden Vierbeiner beschenkt – ein lohnendes Ausbildungsziel.

Die Sattellage

Die Qualität der Sattellage ist ausschlaggebend dafür, ob ein Sattel gut liegt oder trotz guter Anpassung hin und her rutscht.
Als Sattellage bezeichnet man den Bereich des Rückens hinter Schulter und Widerrist. Für eine gute Sattellage sollte der Widerrist gut ausgeprägt und das Rippengewölbe im Verhältnis zur Brustbreite nicht zu breit sein. Auf tonnenförmigen Pferden mit geringem Widerrist – oft bei Ponys und Kaltblütern zu finden – rutscht der Sattel gerne. Hier muss manchmal auch ein gut angepasster Sattel mittels Schweifriemen oder Vorgurt zusätzlich fixiert werden. Auch Pferde mit extrem geradem Rücken, Karpfenrücken oder Senkrücken haben eine problematische Sattellage. Jedes Pferd hat nur eine Sattellage, auch wenn manchmal anderes behauptet wird. So ist das Satteln weit vorne auf der Schulter ebenso falsch wie das bewusste Zurücksetzen des Sattels, um damit die Hinterhand zu aktivieren. Damit drückt man dem Pferd lediglich in die empfindliche Nierenpartie und auf den nicht tragfähigen Teil der Wirbelsäule. Die Sattellage ist dort, wo ein gut passender Sattel praktisch von alleine liegen bleibt!

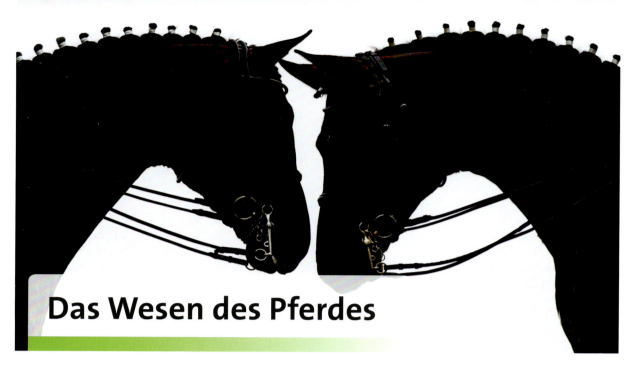

Das Wesen des Pferdes

Eigentlich sind Pferde eher anspruchslose Tiere. In freier Wildbahn verbringen sie ihren Tag in der Geborgenheit einer Herde hauptsächlich mit fressen, schlafen und ein bisschen Bewegung. Damit sieht ihr Alltag natürlich ganz anders aus als der der meisten Sportpferde, die in der Enge einer Box den Tag verbringen und lediglich für eine kurze Zeit zur Arbeit herauskommen.

Tiere mit Familiensinn

Pferde sind Herdentiere und leben in freier Wildbahn in größeren Familienverbänden, die von einer erfahrenen Leitstute und dem Leithengst geführt werden. Die Stute führt die Herde zu Weidegründen, während der Hengst die Herde zusammenhält und gegen Konkurrenten verteidigt. Die Leittiere haben zwar Vortritt an Futter- und Wasserstellen, tragen aber die Verantwortung für die Sicherheit der Herde – und das bedeutet seltener fressen und ruhen.

Karriere in der Herde ist Tieren mit echten Führungsqualitäten vorbehalten, die Pferde übrigens auch von ihren Menschen fordern: Selbstsichere, berechenbare Menschen werden als „Leittier" eher akzeptiert als unsichere oder grobe Personen. Die meisten Pferde fühlen sich inmitten der Herde an einem sicheren Platz in der Rangordnung recht wohl. Auch bei einer Offenstallherde sollte der Mensch sich nicht in Rangordnungsfragen einmischen, aber darauf achten, seine eigene Leitstellung (beispielsweise beim Betreten der Weide oder eines Laufstalles) überzeugend rüberzubringen.

Pferde denken nicht über mögliche Gefahren nach. Sie suchen ihr Heil im vermeintlichen Krisenfall sofort in der Flucht und stellen damit häufig die Sattelfestigkeit ihrer Reiter auf die Probe. Pferde sind immer in Fluchtbereitschaft, auch im Schlaf. Deshalb schlafen und dösen sie auch meist im Stehen. Dazu stehen sie ganz entspannt da und stellen ein angewinkeltes Hinterbein auf die Huf-

In der Gruppe fühlen Pferde sich wohl. Sie bietet Sicherheit und Geborgenheit.

spitze: sie „schildern". Nur wenn ein Pferd sich ganz sicher fühlt, legt es sich kurze Zeit für eine Tiefschlafphase flach auf den Boden. Meist liegt es jedoch mit aufgestütztem Kopf. Die Schlafphasen sind über den Tag verteilt und betragen insgesamt nur rund vier Stunden, davon eine halbe Stunde Tiefschlaf.

Trotzdem brauchen Pferde ihre Ruhe, um zu regenerieren. Ein unausgeschlafenes Pferd in einem trubeligen Stall ist nervös und unkonzentriert bei der Arbeit. Grund genug, die häufig übliche Stallruhe einzuhalten. Etwa 18 Stunden des Tages verbringen Pferde mit der Futteraufnahme. Ihr verhältnismäßig kleiner Magen benötigt ständig Nachschub. Dabei würden sie in Freiheit fressend viele Kilometer zurücklegen.

Eher friedliebend

Meinungsverschiedenheiten machen Pferde in heftigen Auseinandersetzungen mit schrillem Quieken und Keilereien der Hinterbeine untereinander aus. Die kurzen Kämpfe sehen meist gefährlicher aus, als sie sind. Häufig sind Rangordnungsfragen, im Stall aber auch Futterneid, die Ursache von Streitereien. Haben Pferde die Möglichkeit, pflegen sie intensiv ihre Freundschaften innerhalb der Herde. Dazu betreiben sie Fellpflege durch gegenseitiges Kraulen an schwer zugänglichen Stellen wie Widerrist, Mähnenkamm und Schweifrübe. Ist kein Kumpel vorhanden, wird Parasiten mit einem Staubbad zu Leibe gerückt und Stellen, die mit den eigenen Zähnen oder Hufen nicht erreicht werden, werden an einem Baum gescheuert.

Training durch Spiel

Pferde sind leidenschaftliche Spieler. Stuten messen sich eher in Rennspielen und legen immer wieder mal einen Spurt über die Weide hin. Hengste und Wallache stehen dagegen auf „Kampfsport" und rangeln oft stundenlang mit großer Hingabe. Die Scheinkämpfe wirken auf uns Menschen beeindruckend und manchmal beängstigend, denn die Gegner schenken sich nichts. Trotzdem ist die Verletzungsgefahr gering. Kratzer und Schrammen werden unter „Schönheitsfehler" verbucht ...

Die pferdische Kampfkunst hat ein reiches Repertoire: Imponiertrab, Bisse in Hals und Ganaschen, Zwicken in die Vorderbeine, das den Gegner in die Knie oder besser aufs Karpalgelenk zwingt, aber auch Steigen und den Gegner niederdrücken gehören dazu. Gekämpft wird sozusagen mit angezogener Handbremse, um den Partner nicht zu verletzen.

Männliche Pferde spielen in jedem Alter mit großer Ausdauer, und hat einer keine Lust mehr, findet sich in einer Herde schnell Ersatz. Der Erfolg im Spiel zeigt Pferden auch, wo sie in der Rangordnung stehen.

Geschickte und erfolgreiche Kämpfer haben größere Chancen auf Führungspositionen.

Als Mensch sollte man Pferden Rangeleien und die Aufforderung zum Spiel jedoch nicht durchgehen lassen. Zu leicht wird die Rangordnung Mensch – Pferd infrage gestellt und der Mensch zieht den Kürzeren. Meist beginnt es harmlos mit Taschen-Grapschen und endet mit Zwicken und Beißen!

Fluchtreaktionen erfolgreich verhindern

Der Fluchtinstinkt ist für Reiter besonders lästig. Deutlich reduzieren lassen sich Panikreaktionen durch ein tiefes Vertrauen des Pferdes zu seinem Menschen. Das erreicht man durch intensive Beschäftigung mit dem Pferd, Bodenarbeit und der gemeinsamen Konfrontation mit gefährlichen Situationen, zum Beispiel Angst machenden Maschinen, Straßenverkehr, spielenden Kindern usw.

Reagiert das Pferd unter dem Sattel ängstlich, lässt man es die Ursache der Panik in Ruhe betrachten und reitet dann resolut daran vorbei. Anschließend viel loben! Wer solchen Situationen konsequent aus dem Weg geht, bestärkt das Pferd in seiner Ansicht, dass es sich um eine lebensgefährliche Situation handelt und Flucht das einzige Mittel ist.

Pferde verstehen

Pferde lieben leise Töne und sind wahre Meister der nonverbalen Kommunikation. Das heißt, sie verständigen sich untereinander durch eine ausgeklügelte Körpersprache. Damit haben sie uns Menschen vieles voraus: Wir spucken meist abgekoppelt von Mimik und Gesten große Töne und drücken uns dabei missverständlich aus. Die Vierbeiner dagegen taxieren auch unsere Körperhaltung und enttarnen Freude, schlechte Stimmung oder Angst.

Das Erlernen der Pferdesprache lohnt sich, denn Pferde teilen uns eine Menge über ihr Befinden mit. Mit einem gewissen „Grundwortschatz" ist der Umgang mit dem Pferd sicher und entspannt. Der Mensch erkennt schnell, ob ein Tier ängstlich, missgelaunt oder einfach nur zum Blödeln aufgelegt ist und kann entsprechend richtig und gelassen reagieren.

Pferdestimme in Variationen

Wiehern hört man Pferde nur selten, zum Beispiel dann, wenn sie mit einem durchdringenden Distanzruf Artgenossen auf sich aufmerksam machen wollen oder Stallkumpeln, die zum Reiten geholt werden, hinterherrufen. Zur Begrüßung „brummeln" sie dagegen. Stuten rufen mit diesem tiefen Brummeln nach ihrem Fohlen.

Ich hör dir zu!

Pferde sind beim Reiten oft „abwesend" und beschäftigen sich mit ihrer viel interessanteren Umwelt. Das soll nicht sein, Konzentration ist auf beiden Seiten gefragt. Gibt man eine Parade, sollte sich wenigstens ein Ohr (auf der Seite, auf der der Zügel kurz angenommen wurde) nach hinten zum Reiter drehen. Das heißt so viel wie „Ich warte darauf, dass du mir sagst, was ich als Nächstes tun soll". Auch beim Longieren wenden aufmerksame Pferde immer das innere Ohr zum Longenführer.

In Auseinandersetzungen untereinander machen Pferde meist mit einem schrillem Quieken ihrem Ärger Luft. Auch rossige Stuten quieken den Hengst oder einen „Ersatzwallach" an, wenn sich dieser nähert, der Zeitpunkt zum Decken aber noch nicht gekommen ist.

Spiel mit Ohren und Maul

Viele Menschen beurteilen allein nach der Stellung der Ohren, wie ein Pferd gestimmt ist. Die nach allen Seiten drehbaren „Tüten" sind jedoch nur ein Teil der komplexen Körpersprache und geben erst in Verbindung mit der gesamten Körperhaltung und der Gesichtsmimik Auskunft über die wahre Stimmungslage des Pferdes.

Leicht zur Seite oder nach hinten gekippt, signalisieren die Ohren Entspannung. Nach vorne gespitzt, sprechen sie von regem Interesse an der Umwelt. Richtet das Pferd jedoch gleichzeitig Hals und Kopf auf, bläst durch weite Nüstern und spannt den Rücken an, ist Gefahr im Verzug.

Mit flach nach hinten gelegten Ohren, sagt das Pferd: „Nimm dich in Acht vor mir!" Dazu streckt es Kopf und Hals nach vorne und spannt die Lippen an.

Pferdeohren sind unabhängig voneinander beweglich. Während ein Ohr sich dem Reiter widmet, lauscht das andere, was in der Umgebung abgeht.

Das Pferdemaul verrät viel über die Stimmung und den Gesundheitszustand eines Pferdes. Eine „dicke Lippe" haben Pferde nicht, wenn sie frech sind, sondern wenn sie entspannen. Dann sind die Lippen weich, die Unterlippe hängt runter und verleiht dem Pferd einen einfältigen Gesichtsausdruck.

Leichter Unwille wird durch Anspannen der Unterlippe zum Ausdruck gebracht, dabei entsteht eine kleine Stufe. Fest zusammengepresste Lippen und scharfe Falten in den Maulwinkeln zeigt ein Pferd mit Schmerzen oder großem Unwohlsein. Dabei kneift es die Nüstern zusammen oder weitet sie stark.

Das Spielgesicht erinnert an ein Rüsseltier und wird bei freundschaftlicher Annäherung, der Aufforderung zum Spiel oder beim Betteln aufgesetzt. Das Pferd spitzt die Oberlippe und zieht sie weit über die Unterlippe vor.

Verständigung durch Bewegung

Pferde setzten ihren gesamten Körper ein, um Artgenossen und Menschen ihre Stimmungslage mitzuteilen. Scharren ist häufig eine Aufforderung oder Bettelei um ein Leckerli. Ungeduld und Ärger machen die Vierbeiner durch resolutes Aufstampfen mit dem Vorderbein kund. Auch die erste Begegnung mit fremden Pferden wird von einem kräftigen Ausschlagen des Vorderbeins begleitet, ohne das Gegenüber zu verletzen. Mit einem Anheben des Hinterbeins unter den Bauch signalisiert das Pferd Mensch und Tier: „Halte Abstand, sonst knallt es!" Zieht es dagegen das Hinterbein leicht an und setzt den Huf auf der Spitze auf, gönnt es sich ein verdientes Ruhepäuschen und will nicht gestört werden.

Indem Pferde bestimmte Positionen zu Artgenossen einnehmen, zeigen sie diesen, was sie vorhaben. Die freundschaftliche Annäherung erfolgt in ruhigem Tempo und gedehnter Haltung auf die Schulter des Kameraden zu. Direkt von hinten treiben sie das (unterlegene) Pferd weg. Dabei fixieren sie den anderen mit den Augen. Auch in der Pferdeausbildung nutzt man diese Form der Kommunikation, beispielsweise beim Longieren. Imponiert wird mit kraft- und schwungvollen Bewegungen und hoch aufgerichtetem Hals. Dabei gehen sie frontal aufeinander zu.

Pferde verständigen sich durch Körpersprache. So manche Auseinandersetzung um die Rangordnung lässt sich durch Droh- und Imponiergehabe, aber auch durch Kampf- und Rennspiele vermeiden.

Wohlfühlklima für Pferde

Pferde sind Bewegungsfanatiker, die in freier Wildbahn täglich viele Kilometer auf der Suche nach Futter zurücklegen. Diese Bewegung benötigen sie auch, damit die Verdauung und das Herz-Kreislauf-System funktionieren. Immer mehr Pferdehalter und Reitschulen steigen deshalb von der traditionellen Boxenhaltung auf Laufställe um, um den Bedürfnissen der Vierbeiner gerecht zu werden.

Noch stehen viele Schulpferde in Boxen. Doch immer öfter ziehen auch sie in Pferde-WGs, also in geräumige Laufställe, um. Pferde lieben die Gesellschaft unter ihresgleichen und in einer gut aufeinander eingestellten Gruppe spielen Rangordnungskämpfe keine Rolle. Kleinere Auseinandersetzungen gibt es lediglich, wenn ein Neuer in die Gruppe kommt und seinen Platz in der Herde erst finden muss. Auch aufmüpfige Jungpferde bringen mal ein wenig Unruhe in eine Herde. Doch selbst ängstliche und unsichere Tiere fühlen sich in einer Gruppe sicherer aufgehoben als einsam in einer Box ohne Körperkontakt zu Artgenossen.

Ein Pferd aus einer Gruppe zu holen, ist für den Reitschüler nicht schwer, wenn er die Pferdesprache versteht und die Rangordnung berücksichtigt. Dabei sollte er sich aufrecht und resolut bewegen, wie ein echter Chef eben.

Bewegung und frische Luft im Laufstall

Getrennte Funktionsbereiche für Fressen, Trinken, Spielen und Ruhen sorgen dafür, dass Pferde sich im Laufstall den ganzen Tag bewegen können. Die Bereiche sind am besten immer auf zwei Wegen zu erreichen, zum Beispiel durch beidseitig umgehbare Barrieren, sodass auch rangniedere Tiere überall unbehelligt hin- und wieder wegkommen. Gefüttert wird in Fressständern, die in der ersten Heißhungerphase verschlossen werden können. In modernen Laufställen regeln Fütterungsautomaten den Zugang zu Heu und Kraftfutter.

Fressen, laufen, schlafen, fortpflanzen. So sähe der Alltag wild lebender Pferde aus. Entsprechende körperliche Bedürfnisse hat auch das Reitpferd, und diese müssen in den Haltungsbedingungen berücksichtigt werden.

Viele Reiter kostet es Überwindung, ein Pferd aus dem Laufstall zu holen. Hier hilft es, die Rangordnung zu kennen und den Herdenchef gebührend zu berücksichtigen. Schmusen, tüddeln und Leckerlis füttern ist im Laufstall tabu. Leicht kann es sonst zu eifersüchtigen Rangeleien kommen, im schlechtesten Fall steht der Mensch zwischen den Streithälsen und nimmt selbst Schaden. Deshalb holt man sein Pferd zügig aus dem Stall, immer die Herdenkollegen im Blick. Zusätzliches Füttern und die Pflege erfolgen außerhalb. Halfter und Decken haben aufgrund der Verletzungsgefahr nichts im Laufstall verloren.

Paddockbox: Laufstall XXS

Paddockboxen sind eine Kombination aus Einzelhaltung in der Box und einer kleinen Bewegungsfläche an der frischen Luft. Nicht alle Pferde lassen sich in eine Herde eingliedern, vor allem solche nicht, denen als Fohlen und Halbstarke die Sozialisierung in einer Herde verwehrt wurde. Solche Tiere können sich ebenso wenig auf „pferdisch" verständigen wie Menschen und reagieren selbst auf freundliche Kontakte von Artgenossen ängstlich oder aggressiv. Auch Hengste und Sportpferde, die man nicht der (geringen) Verletzungsgefahr der Herdenhaltung aussetzen will, sind in einer Paddockbox ordentlich untergebracht.

In einer Paddockbox kann der Reitschüler sich sicher bewegen. Meist reicht der Platz auch, um das Pferd in der Box zu putzen, zu satteln und zu trensen. Allerdings sollte das Pferd hierzu angebunden werden.

Boxenhaltung

Die schlechteste aller Haltungsformen, aber leider immer noch weit verbreitet, ist die Box. Sie kommt den Pferdebedürfnissen am wenigsten entgegen. Die Berührung mit Artgenossen, mindestens aber Sichtkontakt sollte möglich sein, außerdem ausreichend Licht und frische Luft durch ein Fenster nach außen, mit einem abwechslungsreichen „Fernsehprogramm" des Hofgeschehens. Boxennachbarn sollten sich verstehen und nicht unentwegt gegen die Wände schlagen. Das nervt Mensch und Tier.

Der Bewegungsdrang von Boxenpferden ist groß. Sie drängen meist von selbst aus der Box. Das sichere Arbeiten am Pferd ist in den meist engen Boxen nicht möglich und wird deshalb auf die Stallgasse oder den Anbindeplatz verlegt. Zu leicht steht man sonst im wahrsten Sinne mit dem „Rücken zur Wand", vor sich einen dicken Pferdehintern und harte Hufe.

Krank durch Langeweile

Leben Pferde in dunklen, engen Boxen ohne direkten Kontakt zu Artgenossen und ohne Umweltreize, entwickeln sie oft krank machende Untugenden: Wenn Pferde weben, schwingen sie mit dem Körpergewicht stundenlang von einem Vorderbein auf das andere. Überlastung der Gelenke und vorzeitiger Verschleiß durch Arthrose sind die Folge. Koppt ein Pferd, schluckt es regelmäßig Luft ab. Das kann zu gefährlichen Koliken führen. Setzt das Tier dabei die Zähne auf die Boxentür oder die Krippe, nutzen sich die Schneidezähne so ab, dass das Pferd mit der Zeit große Probleme beim Fressen bekommen kann. Auch Aggression kann die Folge schlechter Haltungsbedingungen sein. Andere Pferde wiederum geben sich auf und machen nur noch freudlos das Notwendigste.

Pferde, die in Laufställen oder auf großzügigen Weiden gehalten werden, sind dagegen häufig viel ausgeglichener und Menschen gegenüber respektvoller als Boxenpferde. Meist arbeiten sie freudiger mit und durch die Möglichkeit, den ganzen Tag einem bunten Programm an Umweltreizen ausgesetzt zu sein, sind sie weniger schreckhaft und ängstlich.

Pferde, die ihr Leben lang gute Haltungsbedingungen genießen, können über 30 Jahre alt werden, Ponys oft noch älter.

Outfit für Reiter und Pferd

Kleider machen Reiter

Modetrends bestimmen im Reitsport schon lange Form und Farbe der Bekleidung und sind oft Ton in Ton auf Saisonfarben von Halftern, Schabracken und Pferdedecken abgestimmt. Schick ist schön, doch auch mit erheblichem finanziellem Aufwand verbunden. Reitklamotten müssen vor allem eines sein: praktisch und bequem! Während in verschiedenen Reitweisen auf Veranstaltungen ein „Kostümzwang" zu beobachten ist, geht beim Reiten im Alltag in jeder Szene Funktionalität vor.

Die Reithose

Wem die Unversehrtheit seines Allerwertesten lieb ist, der gönnt seinem Po eine bequeme Reithose. Diese gibt es in verschiedenen Schnittformen, Farben und ebenso vielen Materialien. Entscheident ist die richtige Größe, für große Reiter gibt es spezielle Langgrößen.

Auch wenn hauteng schick ist, sollte im Winter auf jeden Fall noch lange Skiunterwäsche unter die Hose passen, sonst sitzt man bei niedrigen Temperaturen schnell als verspannter, schlotternder Eisblock auf dem Pferd. Gerade in der kalten Jahreszeit ist Softshell sehr angenehm zu tragen. Für Geländereiter gibt es auch gefütterte, wasserabweisende Thermohosen oder Overalls mit Besatz.

Ob Stoffbesatz, Lederbesatz oder Grip hängt vom Geschmack und vom Geldbeutel ab. Ebenso, ob es die Stiefelhose sein soll oder eine andere Variante.

Jodhpurhosen sind gerade geschnitten und haben einen Steg unter dem Fuß, der das Hochrutschen verhindert. Sie sind ideale Reithosen für den Alltag. Gelände- und Wanderreiter tragen zum Reiten oder bei der täglichen Stallarbeit robuste Wanderschuhe. Für „bessere Anlässe" trägt man Stiefeletten. Auch die Barock- und Gangpferdeszene steht auf Jodhpurhosen. Bei Westernreitern gehören Reitjeans und Lederchaps zum Originaloutfit. Die Jeans haben eine einfache Innennaht und drücken nicht.

Für ganz sensible Reiterpopos gibt es spezielle Reitunterwäsche, die an den empfindlichsten Stellen gepolstert und nahtlos ist. Sie zeichnet sich auch nicht ab.

Outdoorkleidung für Reiter

Reiter, die sich mit dem Pferd überwiegend im Gelände aufhalten, finden praktische und reittaugliche Kleidung im Outdoorbereich und im Handel für Arbeitskleidung. Hier gibt es bequeme Hosen aus atmungsaktivem, wasserabweisendem oder schnell trocknendem Material, oft mit schmalem Schnitt und elastischem Gummizug im Bund. Zipphosen führen allerdings zu Druckstellen und sind ungeeignet. Cargohosen haben aufgesetzte Taschen, die Platz für das Handy und einen kleinen Geldbeutel bieten.

Es gibt kein schlechtes Wetter, nur schlechte Kleidung. Diese Weisheit gilt auch für den Reitsport. Wer keine Halle hat und im Regen reitet, kann sogar auf wasserdichte Regenhosen mit rutschfestem Kunststoffbesatz zurückgreifen.

Reitjacken und Westen

Westen oder Jacken sollten vor allem für den Unterricht eher figurbetont geschnitten sein, damit der Reitlehrer Haltungsfehler im Oberkörper leichter erkennen und korrigieren kann. Auch im Gelände sollten Jacken und Westen nicht zu weit sein und einen leichtgängigen Reißverschluss für die einhändige Bedienung haben. Flatterjacken machen sensible Pferde scheu.

Für Reiter, die viel ins Gelände gehen, sind Westen und Jacken aus dem Outdoorbereich erste Wahl. Sie haben ausreichend Taschen für Handy, Hufkratzer, Taschenmesser und andere Kleinigkeiten. Findet der Reitunterricht bei Wind und Wetter im Freien statt, ist diese Bekleidung ebenfalls empfehlenswert.

Moderne Materialien sind meist wind- und wasserabweisend, dabei aber atmungsaktiv und für die Arbeiten rund ums Pferd bestens geeignet. Sie sind unempfindlich gegen Staub und Schmutz und müssen seltener gewaschen werden.

Handschuhe

Reithandschuhe schützen die empfindliche Haut zwischen den Fingern vor dem Aufreiben. Dies kommt in der Folge auch dem Pferdemaul zugute.

Hat man erst mal Blasen – vor allem mit schwitzenden Händen im Sommer passiert das schnell –, verkrampft sich die Reiterhand. Die Zügelhilfen kommen hart und unpräzise im Pferdemaul an.

Gute Reithandschuhe gibt es für alle Jahreszeiten aus verschiedensten Materialien: Leder, Wolle, Kunstfaser. Sie haben abriebfeste Verstärkungen an den zügelführenden Fingern. Dünne Baumwollhandschuhe dagegen haben die geringste Lebensdauer. Sie bekommen vor allem beim Nachgurten schnell Löcher. Auch bei der Bodenarbeit sollte man Handschuhe tragen.

Farbenfrohe Reitmode

Auch wenn der Reitsportfachhandel für jede Saison neue Farbtrends bereithält, sind gedeckte Farben für Waschmuffel am besten. Auf zu hellen, aber auch auf sehr dunklen Stoffen sieht man schnell den Schmutz vom Putzen oder die beim Schmusen am Ärmel abgeschmierten Futterreste des Pferdemauls. Reitbekleidung sollte robust und mit der Waschmaschine wenigstens bei 40 °C waschbar sein.

Praktisches Outfit: Stiefelhose oder Jodhpurhose mit Stiefeletten, eine wetterfeste Jacke und Handschuhe. Und auch beim kurzen, gemütlichen Ausritt sollte der Helm nicht fehlen. Sicher ist sicher.

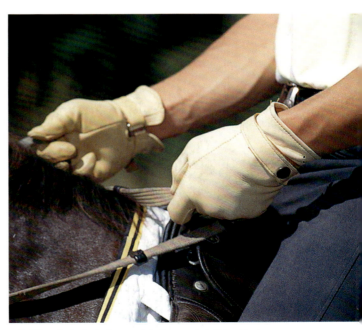

Reithandschuhe haben meist einen guten Grip, der das Durchrutschen der Zügel vor allem in der Anfängerhand und damit Blasen zwischen den Fingern verhindert.

Sicherheit von Kopf bis Fuß

Der Reitsport gilt als Risikosportart, selbst wenn er in den Unfallstatistiken nicht auffälliger sein mag als andere Trendsportarten. Doch die Erfahrung lehrt, wenn etwas passiert, dann richtig. Der Reitsportfachhandel bietet einiges an Equipment für die Sicherheit: Helme und Sicherheitswesten verhindern keine Unfälle, helfen aber, große und kleine Blessuren zu vermeiden.

Der Reithelm

Reiten ohne Helm ist wie Autofahren ohne Gurt. Auch wenn es im Reitsport keine ausdrückliche Helmpflicht gibt, hat dieses „Kleidungsstück" schon vielen das Leben, vor allem aber den Verstand gerettet.

Deshalb gilt auch für erwachsene Reiter: Wer was im Kopf hat, trägt einen Helm. Für Kinder und Jugendliche unter 18 Jahren gilt in den Reitschulen in der Regel sowieso Helmpflicht. Und ein heiler Kopf – zehn Prozent aller Verletzungen sind Kopfverletzungen, bei Kindern ist der Anteil sogar noch höher – ist unverzichtbar.

Moderne Helme gibt es ab einem geringen Gewicht von etwa 300 Gramm. Sie sind gut klimatisiert und sehr sicher. Außerdem haben sie ein ansprechendes Design. Verstellbare Innenpolsterungen wachsen bei Kindern über mehrere Jahre

Das muss ein guter Helm haben

Die besten Helme sind nicht zwingend die teuersten. Wichtig für einen guten Helm ist die Art des Materials, nicht die Dicke. Als Qualitätskriterium dient die Übergangsnorm VG1 01.040 2014-12 (kurz auch VG 1 genannt), diese hat so lange Bestand, bis eine neue Norm in Kraft tritt. Gute Helme haben ausreichend Nackenfreiheit und verursachen – beispielsweise bei einem Zusammenstoß mit einem Ast – keine Genickverletzungen. Ganz entscheidend ist aber die Passform eines Helmes! Mit der Dreipunktbefestigung des Kinnriemens lässt sich der Helm individuell auf den Kopf des Reiters einstellen. Der Helm sollte nicht drücken, aber gut anliegen und nicht rutschen.

Die Protektoren guter Sicherheitswesten lassen sich seitlich mit Klettverschlüssen verstellen. So kann man unterschiedlich dicke Kleidung darunter tragen. Bei Kindern wächst die Weste auf diese Weise eine Zeit lang mit.

mit und ermöglichen auch bei Erwachsenen im Winter das Tragen eines Stirnbandes oder einer Mütze darunter. Helme mit Klimaschlitzen sind im Sommer sogar ein angenehmer Sonnenschutz.

Den Kopfschutz gibt es in verschiedenen Formen und Oberflächen. Farblich bieten einige Hersteller eine bunte Palette zur Abstimmung auf die restliche Reitkleidung.

Für Fahrradhelme gelten grundsätzlich andere Anforderungen als für Reithelme. Sie sind kein gleichwertiger Ersatz, auch wenn gerade Kinder gerne damit aufs Pferd gesetzt werden!

Hat ein Helm einen kräftigen Schlag oder Sturz abbekommen, muss er ausgewechselt werden, auch wenn keine sichtbaren Schäden erkennbar sind. Außerdem altern Helme über die Jahre, das Material ermüdet. Achten Sie deshalb schon beim Kauf darauf, keinen „alten" Helm zu erwischen. Das Produktionsdatum ist auf einem Etikett vermerkt.

Sicherheitswesten

Der Reitsportfachhandel bietet mittlerweile auch Sicherheitswesten mit Rückenprotektoren an, wie man sie aus dem Motorradsport kennt. Sie sind im Vielseitigkeitssport sogar Pflicht auf den Geländeritten. Für Anfänger sind sie eine sinnvolle Investition. Natürlich bieten sie keinen vollständigen Schutz vor Rückenverletzungen bei einem Sturz, aber sie vermitteln ein Gefühl von Sicherheit. Unter Umständen schränken sie die Beweglichkeit ein wenig ein, man sollte ausprobieren, in welchem Modell man sich wohlfühlt.

Für Kinder, die unbedarfter und auch leichtsinniger mit Pferden umgehen, sind Sicherheitswesten eine lohnende Anschaffung. Rückenverletzungen im Wachstum bergen schließlich die Gefahr von Spätschäden.

Reitschuhe, Stiefeletten und Stiefel

Wer was auf sich hält, trägt natürlich Lederstiefel. Bevor man aber losgeht und ein paar Hundert Euro in solch teures Beinkleid investiert, sollte man wirklich sicher sein, dass man beim Reitsport bleibt und die Lederstiefel auch den Alltagsanforderungen gerecht werden. Das feine Schuhwerk eignet sich nicht, wenn man Pferde von matschigen Koppeln holt oder regelmäßig Stallarbeit verrichtet. Dafür gibt es Gummistiefel, denen man erst auf den zweiten Blick das Material ansieht. Ihr Nachteil: im Sommer Schweißfüße, im Winter Eisbeine.

Die Alternative sind robuste Reitschuhe und Stiefeletten in Kombination mit Chaps aus Leder oder pflegeleichtem Neopren. Leichte Trekkingschuhe eignen sich für Reiter, die häufig im Stall oder auf der Koppel werkeln, aber auch mal im Gelände mit einem unfreiwilligen Fußmarsch rechnen müssen. Unempfindlich sind auch die Cowboystiefel von Westernreitern.

Grundsätzlich müssen alle Schuhe zum Reiten einen Absatz haben, damit man nicht durch die Bügel rutscht und sich bei einem Sturzes darin verfängt. Schuhbändel müssen so kurz sein, dass sie nicht an Sattelzeug oder an Sträuchern hängen bleiben. Auch beim Umgang mit Pferden am Boden trägt der Reiter „trittfestes" Schuhwerk.

Zeigt her eure Schuhe: Wer neben dem Reiten auch auf Stall und Weide aktiv ist, braucht robustes, leicht zu reinigendes Schuhwerk. Ob Stiefel, Stiefelette oder Trekkingschuh – auf jeden Fall immer ein Modell mit Absatz.

In allen Sätteln zu Hause

Sättel gibt es mittlerweile in zahllosen Varianten. Die meisten Schulpferde tragen einen Vielseitigkeitssattel auf ihrem Rücken, der – wie der Name schon sagt – vielseitig und in allen Disziplinen des Reitsports zu gebrauchen ist. Zur großen Auswahl an Sätteln gesellen sich auch noch verschiedene baumlose „Sitzmöbel", bequeme Sattelkissen und unterschiedliche Satteldecken.

Sattelvielfalt

Am häufigsten findet man sogenannte englische Sättel auf Schulpferden. Sie werden unterteilt in Dressur-, Spring- und Vielseitigkeitssättel, die sich in Form und Funktionalität voneinander unterscheiden.

Dressursättel haben ein langes, gerade geschnittenes Sattelblatt und einen tiefen Sitz, der den Reiter zwar korrekt setzt, aber wenig Spielraum bietet. Ganz anders dagegen der Springsattel. Er hat ein sehr kurzes, nach vorne ausfallendes Sattelblatt mit dicken Pauschen, die den Knien beim Sprung Halt geben. Der Sitz ist deutlich flacher als beim Dressursattel. Der Vielseitigkeitssattel vereint die Eigenschaften beider Typen und bietet mit gut gepolsterten Pauschen Halt im Gelände und über dem Sprung, lässt den Reiter aber auch mit langem Bein Dressurlektionen reiten. Der Sitz ist nicht ganz so tief und bietet dem Reiter Spielraum.

Westernsättel gibt es als schlichte Arbeitssättel oder mit kunstvollen und aufwändigen Lederverzierungen. Markant sind die massiven Steigbügel und das Horn zum Befestigen des Lassos bei der Rinderarbeit, dem Cutting.

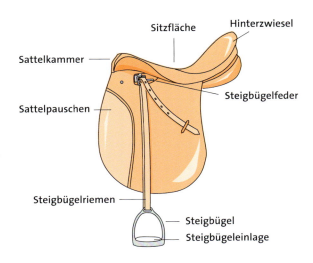

Reitbetriebe, die auch längere Geländeritte anbieten, haben ihre Pferde oft mit Trachtensätteln ausgerüstet. Bei ihnen sollen der verlängerte Baum und die in die Trachten über das hintere Sitzende hinauslaufenden Sattelkissen das Reitergewicht auf eine größere Fläche verteilen. Sie eignen sich aber nur für Pferde mit ausreichend langem Rücken. Zum Dressurreiten sind sie weniger geeignet, da sie über dem aufgewölbten Rücken „Brücken" bilden und dadurch Druck verursachen.

Je nach Reitweise trifft der Reitschüler auch auf Westernsättel oder iberische Sättel. Westernsättel gibt es mit und ohne Horn, das sich für Anfänger zum Halten bei Unsicherheiten anbietet, eigentlich aber zum Festzurren des Lassos bei der Arbeit mit Rindern vorgesehen ist.

Gangpferdesättel haben meist eine sehr flache Sitzfläche, die einen variablen Sitz erlaubt, aber auch in Versuchung führt, zu weit hinten auf der Nierenpartie des Pferdes zu sitzen, anstatt zum Töltreiten mit Kreuz und Schenkeln zu treiben.

Sattelunterlagen

Satteldecken und Schabracken gibt es aus verschiedenen Materialien. Sie dienen nicht dazu, einem schlecht sitzenden Sattel mehr Halt zu geben oder Druckstellen abzupolstern, sondern um den Sattel vor Schweiß und Schmutz zu schützen. Ein gepflegter Sattel kann auch bei regelmäßiger Benutzung mehr als 20 Jahre gute Dienste leisten.

Sattelunterlagen sollten den Schweiß gut aufnehmen und ableiten. Am besten sind solche, die sich in der Waschmaschine leicht reinigen lassen. Die Dicke von üppigen Unterlagen wie Lammfellpads oder -decken sollte bei der Sattelanpassung berücksichtigt werden. Schnell drückt sonst der gut gemeinte Flausch. Sie werden regelmäßig ausgebürstet und mit rückfettendem Spezialwaschmittel hin und wieder auch in der Waschmaschine gereinigt.

Gelunterlagen eignen sich nicht für den dauerhaften Einsatz. Das sich verschiebende Gel kann zu Druckstellen führen. Außerdem stauen sich unter der für Luft und Feuchtigkeit undurchlässigen Unterlage unangenehm Wärme und Schweiß.

So passt der Sattel richtig

Schulpferde verdienen sich ihr Futter täglich mit ihrer Gesundheit. Deshalb brauchen auch sie individuell angepasste Sättel. Ein gut passender Sattel hat eine ausreichend weite Kammer, was man daran erkennt, dass die Sattelblätter hinter der Schulter parallel zum Rumpf aus dem Sitz herauslaufen. Der Sattel muss am Widerrist ausreichend weit ausgeschnitten sein! Breite, weich gepolsterte Sattelkissen liegen gleichmäßig auf dem bemuskelten Teil des Rückens. Die Sattelkissen folgen in ihrer Form der Rückenlinie des Pferdes. Der Kissenkanal muss der Wirbelsäule ausreichend Platz lassen. Der Sattelschwerpunkt liegt in der Mitte, sodass sich das Reitergewicht gleichmäßig auf die Auflage verteilt. Egal um welchen Typ Sattel es sich handelt – englisch, western, iberisch, ein Wanderreit- oder Gangpferdesattel – er darf nur so lang sein, dass er nicht in der Nierenpartie drückt. Der Gurt muss gerade über das Brustbein laufen und mit der Gurtstrupfe eine Gerade bilden.

Gebisse und Zaumzeug

Zur Vermittlung von Signalen ist die Zäumung das Sprachrohr beim Reiten. Sie besteht aus Zügeln, Kopfstück und meist einem Gebiss. Die Art der Zäumung hängt dabei vom Ausbildungsstand und der Anatomie des Pferdes, dem Können des Reiters und der Reitweise ab. Manche Pferde kommen mit einer spartanischen Ausrüstung aus den notwendigsten Teilen aus, andere brauchen aufwändigere Zäume mit verschiedenen Wirkungspunkten.

Gebisse

Das gängigste Gebiss im Schulbetrieb ist eine einfach oder doppelt gebrochene Wassertrense. Ihren Namen hat sie übrigens daher, dass Pferde mit ihr besonders einfach trinken können. Sie wirken ohne Hebel und gelten (abhängig von der Reiterhand) als weiche Gebisse. Wassertrensen wirken vor allem auf die Zunge, die bei starkem Zügelzug schmerzhaft gequetscht wird.

Einfache Gebisse ohne verstärkende Hebelwirkung sind Olivenkopftrensen sowie Knebel- und Schenkeltrensen, die ein Durchziehen des Gebisses verhindern.

Stangengebisse sind das Pelham und die Kandare. Beide haben sogenannte Anzüge, die abhängig von der Länge des Oberbaums auf das Genick einwirken. Sie werden mit vier Zügeln (zwei links, zwei rechts) geritten.

Beim Pelham sind alle Zügel ins Gebiss eingeschnallt. Zur Kandare wird zusätzlich eine dünne Unterlegtrense verwendet. Beide Gebisse haben eine Kinnkette, die bei Zügelzug auf den Unterkiefer einwirkt. Stangengebisse haben bei vergleichsweise geringem Aufwand eine viel größere Wir-

Der Kandarenzaum besteht aus dem Kandarengebiss (unterer Zügel) mit Kinnkette und der 18 bis 22 mm dicken Unterlegtrense. Die Länge des Ober- und Unterbaums der Kandare entscheidet über die Stärke der Einwirkung auf Genick und Unterkiefer.

kung auf das Pferdemaul, Genick und Kinn, sodass sie nur in Hände von fortgeschrittenen Reitern mit einem sicheren, zügelunabhängigen Sitz gehören. Keinesfalls dürfen sie auf unrittigen Pferden als Notbremse für Anfänger verwendet werden.

Gebisse gibt es in verschiedenen Materialien wie Eisen, Edelstahl, Legierungen mit hohem Kupferanteil wie Aurigan (85 %) und Argentan (65 %), deren süßlich schmeckende Oxidationsschicht Pferde zum Kauen anregen soll, reine Kupfergebisse, aber auch Kunststoffgebisse aus Gummi oder Nathe. Je nach Bauart wirken die Gebisse mehr auf Zunge, Laden, Gaumen oder in Verbindung mit dem Zaum auf das Genick und das Kinn.

Zäume

Zum Reiten kann man ganz einfache Zäume, die lediglich aus einem Backenriemen bestehen, in den das Gebiss eingeschnallt ist, verwenden. Im Reitschulbetrieb tragen die Pferde jedoch meist einen Zaum, der noch einen Stirnriemen, einen Kehlriemen und ein Reithalfter hat. Dieses verhindert das Aufsperren des Mauls beim Annehmen der Zügel.

Beim Hannoverschen Reithalfter laufen Nasen- und Kinnriemen über die Trensenringe. Der Nasenriemen muss zwei Finger breit über dem Ende des Nasenbeins liegen, damit er das Pferd beim Atmen nicht behindert und so locker sein, dass noch zwei Finger darunter passen. Der Nasenriemen des Englischen Reithalfters wird zwei Finger breit unterhalb des Jochbeins unter den Backenstücken verschnallt. Beim Kombinierten Reithalfter läuft ein Sperrriemen über die Trensenringe. Etwas seltener kommt das Mexikanische Reithalfter zum Einsatz. Der Kandarenzaum hat jeweils zwei Backenstücke für die Kandare und die Unterlegtrense.

Die Wassertrense ist das gebräuchlichste Gebiss und für die Anfängerhand ebenso geeignet wie im Sporteinsatz.

Gebisslos

Bei Westernreitern und verschiedenen Gangpferderassen sind auch gebisslose Zäume üblich. Sie wirken meist auf das Nasenbein ein. Hierzu gehören das Sidepull (auch Lindel genannt), bei dem ein hartes, gewachstes Seil anstelle eines Nasenriemens in einen Lederzaum eingearbeitet ist.

Bosals gibt es in verschiedenen Ausführungen: Sie sind aus Leder mit eingearbeiteten Metallnoppen (Kolumbianisches Bosal) hergestellt oder es handelt sich um die typischen Westernbosals, die aus festen, kunstvoll geflochtenen Lederbändern aufwändig gebunden werden.

Gebisslose Zäume sind eine Alternative für Pferde mit Maulproblemen. Die Hackamore ist so konstruiert, dass sie neben dem Nasenriemen, wie eine Kandare auch, über das Genick und die Kinnkette Signale ans Pferd weiterleitet. Da sie vergleichsweise scharf wirken kann, sollte sie jedoch nur von fortgeschrittenen Reitern mit ruhiger Hand verwendet werden.

So passt das Gebiss

Das Gebiss liegt in der Lücke zwischen Schneide- und Backenzähnen auf der Zunge und den Laden. Das Kopfstück ist so kurz geschnallt, dass die Maulwinkel ein bis zwei Falten bilden. Das Gebiss darf nur so dick sein, dass die Zunge nicht gequetscht wird, wenn das Pferd das Maul schließt. Liegt das Gebiss gerade im Maul, steht an beiden Seiten noch ein halber Zentimeter heraus. Die Gebissbreite misst man zwischen den Innenseiten der Trensenringe. Das Gebiss darf keine ausgeschlagenen Gelenke haben und die Maulwinkel nicht einklemmen.

45

Hilfszügel und Bandagen

Gesunde Beine sind das Kapital eines jeden Pferdes. Schützen kann man sie mit Bandagen, Gamaschen und Glocken. Hilfszügel sind normalerweise nur vorübergehende Mittel zur Korrektur von Pferden. Der dauerhafte Einsatz beim Schulpferd ist ein Kompromiss – um den Schüler zu unterstützen und die Gesundheit des Pferderückens zu gewährleisten.

Schützendes Beinkleid

Die Sehnen, Bänder und Knochen von (Schul-)Pferdebeinen sind tagtäglich einer hohen Belastung ausgesetzt und brauchen deshalb besonderen Schutz. Doch auch Stellungsfehler können zu mechanischem Verschleiß von Gelenken führen. Die empfindlichsten Stellen sind das Röhrbein, der Fesselkopf, der Kronensaum und der Ballen.

Um die empfindlichen Pferdebeine zu schonen, benutzt man heute meist Gamaschen. Die früher üblichen Bandagen sind umständlich und müssen von geschickten Leuten fachkundig angebracht werden: nicht zu fest, aber auch nicht zu locker und immer gut unterpolstert. Außerdem müssen sie regelmäßig in die Waschmaschine – zu aufwändig für eine Reitschule.

Gamaschen gibt es dagegen in einer Vielzahl von Ausführungen und Materialien. Sie sind auch von Anfängern in wenigen Handgriffen passgenau angelegt. Fesselkopf und Röhrbein schützt man mit sogenannten Streichgamaschen, meist aus pflegeleichtem Neopren und mit Kunststoffverstärkung an der Innenseite. Mit Klettverschlüssen sind sie im Nu am Pferdebein. Kronensaum und Ballen schützen Glocken aus Neopren und Kunststoff oder Ballenboots und Scalper, die bei Gangpferden auch aufgrund ihres Gewichtseinflusses auf den Takt Verwendung finden.

Gamaschen sollen die empfindlichen Pferdebeine schützen. Es gibt sie in verschiedenen Ausführungen für die unterschiedlichsten Verwendungszwecke.

Das Ringmartingal trifft man vor allem im Springsport an. Es verhindert das Hochreißen des Pferdekopfes.

Hilfszügel

Hilfszügel sind eigentlich nur für Hilfsschüler – egal ob Reiter oder Pferd. Sie sollen dem Pferd vorübergehend den Weg in eine rückenschonende Haltung nach vorwärts-abwärts zeigen. Doch das ist leichter gesagt als getan. Deshalb tragen viele Schulpferde zumindest unter blutigen Anfängern und Reitern mit anhaltend wackeligem Sitz und unruhiger, harter Hand ständig Hilfszügel. Diese müssen jedoch vom Profi individuell auf das Pferd eingestellt werden, sollen sie keinen Schaden anrichten und zusätzlich zu Verspannungen an anderer Stelle führen.

Zu den gängigsten Hilfszügeln zählt das Ringmartingal. Es ist sinnvoll im Springsport, aber ungeeignet für den Anfänger- oder Dressurunterricht. Ausbinder bilden eine weitgehend starre Verbindung zwischen Sattel und Trense. Dreieckszügel, Halsverlängerer und Chambon bieten dem Pferd mehr Bewegungsmöglichkeiten. Schlaufzügel sind in Anfängerhänden dagegen ein Fall für den Tierschutz.

Hilfszügel werden leider oft missbräuchlich verwendet, um dem Pferd zum Beispiel in der tierschutzrelevanten Rollkur den Kopf auf die Brust zu ziehen. In der Schweiz sind Schlaufzügel verboten.

Ausrüstung für jeden Anspruch

Für die Wahl der Ausrüstung sollten beim Schulpferd keine szenespezifischen Zwänge ausschlaggebend sein. Selbst wenn das Equipment auf die entsprechende Reitweise abgestimmt ist, erhöht sich das Lerntempo kaum für den Schüler. Hier gilt es immer, den individuellen Anforderungen des einzelnen Tieres gerecht zu werden.

Schlecht sitzende Sättel, ein Sattel für mehrere recht unterschiedlich gebaute Pferde oder unpassende und zu scharfe Gebisse sind häufig Gründe für verspannte, unwillige oder gar widersetzliche Pferde, die langfristig gesundheitliche Schäden davontragen und ausfallen. Eine gute Reitschule wird deshalb auf gut passendes Equipment ihres vierbeinigen Betriebskapitals achten.

Gute Pflege fürs Equipment

Bezieht eine Reitschule ihre Schüler bei der Pflege der Pferdeausrüstung mit ein, dann sicher nicht nur, um dem eigenen Personal Arbeit zu sparen. Ausgiebige Putz- und Waschaktionen sind eine gute Gelegenheit für Reiteinsteiger, das Equipment in Ruhe unter die Lupe zu nehmen und sich Bauart und Funktion der einzelnen Teile erklären zu lassen. Der regelmäßige Check der Ausrüstung deckt aber auch Sicherheitsmängel auf.

Lederpflege

Ein teurer Spaß sind alle Ausrüstungsteile aus Leder, wenn sie von guter Qualität sind. Ihre Pflege ist besonders aufwändig und benötigt Sorgfalt und Kenntnisse über die Materialeigenschaften.

Zur gründlichen Reinigung von Sätteln und Trensen baut man die Teile auseinander und legt sie nebeneinander. In einem wilden Haufen von Lederriemchen würde sich vor allem der Reitanfänger schwertun, die Stücke wieder richtig zusammenzuschnallen. Mit einem weichen Schwamm, warmem Wasser und Lederseife spült man die einzelnen Lederteile gründlich ab. Vor allem die Backenstücke in Gebissnähe sind oft verklebt, selbst wenn sie nach jeder Reitstunde ausgespült werden.

Nach dem Waschen trocknet man das Leder langsam an einer luftigen Stelle. Pralle Sonne macht

Die Sattelkammer

Qualitativ hochwertige Pferdeausrüstung ist zwar teuer, hat aber bei sorgfältiger Behandlung und guter Unterbringung eine hohe Lebensdauer. Deshalb sollte die Sattelkammer einer Reitschule in einem geschlossenen, gut zu lüftenden Raum untergebracht sein, wo ausreichend Platz für Sättel und Trensen, aber auch Decken, Putzzeug und Halfter ist. Sie kann auch Anlaufstelle für Notfälle sein und Stallapotheke für Pferd und Reiter sowie Feuerlöscher und Werkzeug bereithalten. Im Winter sollte eine moderat eingestellte Heizung das Trocknen des verschwitzten Equipments und der Decken unterstützen. Die „Parkplätze" der einzelnen Sättel und Trensen sollten gut beschriftet sein.

> ## Gebisse reinigen
>
> Gebisse aus Kupfer und Kupferlegierungen (Argentan, Aurigan) sowie Edelstahl kann man in einer Schüssel mit heißem Wasser und Reinigungstabs für dritte Zähne einweichen – wegen chemischer Reaktionen jedoch nie verschiedene Materialien zusammen. Eisen und Kunststoffgebisse schrubbt man mit einem Spülschwamm unter warmem Wasser und legt sie anschließend zum Trocknen auf ein Tuch.

Leder ebenso wie warme Heizungsluft trocken und spröde. Ist das Leder stark ausgetrocknet, ölt man es gut ein. Allerdings nicht so stark, dass das Leder praktisch aufweicht und an Haltbarkeit einbüßt. Lederfett trägt man dünn auf die Teile auf, auch wenn sie nach der Reinigung noch über ausreichende Geschmeidigkeit verfügen. Fett verschließt die Poren und verhindert über längere Zeit das Eindringen von Wasser in das Leder.

Mit den Sattelteilen verfährt man ebenso. Steigbügelriemen und Gurtstrupfen werden zurückhaltender mit Öl oder Fett bearbeitet. Wird ihr Leder dadurch nämlich zu weich, dehnt es sich unter Belastung zu stark (vor allem auf der Aufstiegsseite) oder reißt. Deshalb sollte man beim Zusammenbauen des Sattels auch regelmäßig die Steigbügelriemen von links nach rechts wechseln.

Sattel und Trense werden beim Zusammenfügen auf offene Nähte oder Brüche im Leder untersucht. Einfachere Schäden können mit Ledernähzeug leicht selbst repariert werden. An Gurtstrupfen und Steigbügelriemen sollte dagegen nur ein erfahrener Sattler.

Flickschusterei und ungepflegtes Lederzeug erhöhen die Unfallgefahr. Hier sollte der Reitschüler misstrauisch sein und die Wahl seiner Reitschule überdenken. Altes, aber gepflegtes Lederzeug ist dagegen kein Zeichen für schlechte Qualität oder mangelnde Sorgfalt.

Halfter und Stricke

Schmuddelige Nylonhalfter und -stricke werden in warmem Wasser und mit einem Spritzer Spülmittel oder Haarshampoo eingeweicht und mit einer Kunststoffbürste gründlich geschrubbt. Danach trocknet man alle Metallschnallen und Karabiner ab und hängt die Teile zum Trocknen auf. Ein Spritzer Öl an die Karabiner verdrängt restliches Wasser und wirkt gegen Rost.

Decken und Sattelunterlagen

Sattelunterlagen sollten regelmäßig in der Waschmaschine (nach Waschanleitung) gereinigt werden. Dicke Krusten von Staub und Schweiß reduzieren die Saugfähigkeit und führen früher oder später zu Satteldruck. Für Fellunterlagen gibt es spezielle rückfettende Waschmittel. Abschwitzdecken aus Fleecematerial werden schonend und ohne Weichspüler gewaschen. Dieser verklebt das Material und reduziert die Saugfähigkeit. Dicke Stalldecken passen nur in große Industriewaschmaschinen und müssen von einem Reinigungsdienst gewaschen werden.

Mit gerissenen Gurtstrupfen kann man böse stürzen – deshalb sollten sie in regelmäßigen Abständen überprüft werden.

Typisch für Westernzäume sind Einohrtrensen. Neben schlichten Lederausführungen gibt es aufwändigen Schmuck aus Pferdehaar oder Metallbeschlägen.

Sicherheit geht vor

Pferde sind friedliebende Tiere und suchen ihr Heil in der Flucht, wenn sie sich bedrängt fühlen, eine Situation als bedrohlich empfinden oder mit den Führungsqualitäten ihrer Menschen unzufrieden sind. Gibt es keinen Ausweg aus der Misere, bedienen sie sich auch mal ihrer Zähne und Hufe. So sollte jeder, der mit Pferden umgeht, immer vorausdenken und die Pferdestimmung im Blick behalten.

Leitlinien für den sicheren Umgang

Unfälle mit Pferden passieren nicht einfach. Meist vergisst der Mensch, dass er mit einem Fluchttier arbeitet. Damit Pferde auch in ihnen gefährlich erscheinenden Situationen die Nerven bewahren und ruhig bleiben, bedarf es einer großen Portion Vertrauen zu ihren Menschen.

Nun haben aber gerade Schulpferde wenig Zeit und Gelegenheit, Vertrauen zu jedem einzelnen Reitschüler aufzubauen, der mit ihnen umgeht. Deshalb ist es mindestens so wichtig wie das Reitenlernen, dass wir Menschen einen Blick für die Stimmung des Pferdes entwickeln und Abwehrreaktionen der Vierbeiner voraussehen oder intelligent verhindern lernen.

Im Umgang mit Pferden gilt auch, dass man aus Fehlern anderer lernen sollte. Denn der falsche Umgang mit den stattlichen Tieren kann sehr schmerzhaft sein. Besonders Kinder sind aufgrund ihrer geringen Körpergröße schnell im „Schussfeld" von

Vorsicht, Pferd von hinten! Beim Umgang mit Pferden ist es wichtig, Stimmung des Tieres und Situation richtig einzuschätzen. Doch auch ein gut gelauntes Pferd kann durch Missverständnisse Menschen verletzen.

auskeilenden Pferdehufen oder werden im Davonrennen einfach vom Pferd übersehen. Es ist keine übertriebene Fürsorge, wenn gerade sie bereits bei der Pflege und der Vorbereitung zum Reiten einen Helm tragen.

Einem Pferd nähert man sich nie von hinten, denn dann befindet man sich in einer treibenden Position im toten Winkel. Das Pferd wird mit großer Wahrscheinlichkeit davonlaufen. Frontal von vorne mögen es Pferde ebenso wenig. Man läuft auch hier direkt in ihren toten Winkel. Am besten ist die langsame Annäherung aus einem 45-Grad-Winkel, ohne das Pferd direkt anzusehen. Es sollte dabei immer ruhig angesprochen werden, sodass es sich rechtzeitig auf die Begegnung mit dem Menschen einstellen kann. Zur Begrüßung lässt man es kurz schnuppern, nicht jedoch an Ärmeln zupfen.

Pferde riechen die Stimmung ihrer Menschen. Angstschweiß macht sie unwillig und unsicher. Will ein Pferd keine Liebkosungen, sollte man das akzeptieren.

Fütterungsverbote in Ställen und auf Weiden sind verbindlich und sinnvoll. Zu viel gut gemeinte kulinarische Zuwendung macht Pferde dick, krank und aggressiv. Vor allem in Pferdegruppen auf der Weide und im Laufstall sind Leckerlis tabu. Schnell entstehen nämlich futterneidische Rangeleien

Beim Führen sollte man immer Handschuhe anziehen. Ein durchgezogener Strick oder Zügel hinterlässt schmerzhafte Brandblasen an den Händen. Die Zügel werden beim Führen so aufgenommen, dass weder Mensch noch Pferd in die herabhängende Schlaufe steigen können.

unter den Tieren, die für Pferde und Menschen mit Verletzungen ausgehen können. Viele Besitzer möchten das Füttern aus der Hand nicht, um lästige Betteleien zu unterbinden.

Geführt wird grundsätzlich mit Strick oder Zügel, nie aber am Halfter, denn Sicherheitsabstand muss sein! Zum einen stürzt man nicht unter das Pferd, wenn es erschrickt und einen anrempelt. Zum anderen schlagen Pferde mit dem Schweif vor allem im Sommer nach Fliegen. Auf nackten Armen und Beinen sind Schweifhaare wie Peitschenhiebe. Pferde schütteln häufig auch Fliegen aus den Ohren. Dabei kann der Mensch schon mal eine schmerzhafte Kopfnuss abbekommen.

Wer mit offenen oder leichten Schuhen zu den Pferden geht, muss damit rechnen, dass viel Pferd auf den Knochen steht. Pferdehufe sind (beschlagen noch mehr) schwer und scharf und man handelt sich schnell einen ordentlichen Bluterguss ein.

Die Pflege der Pferdebeine und Hufe sollte man immer mit gebeugtem Rücken (und somit entgegen den Empfehlungen der Rückenschule) erledigen, um notfalls schneller vom Pferd wegzukommen, als das aus der Hocke möglich ist.

Ein freundschaftliches Verhältnis mit „seinem" Pferd zu pflegen ist schön. Pferd und Mensch sollen Partner sein, gegenseitiger Respekt gehört da unbedingt dazu.

Das Einmaleins am Boden

Pferde fangen, führen und anbinden gehört zu den täglichen Arbeiten von Stallpersonal und Reitschülern. Doch gerade Nachlässigkeit und Routine sind die größten Feinde des sicheren Umgangs mit dem Pferd. Menschen sollten für Pferde außerdem ruhige, berechenbare und mit Führungsqualitäten ausgestattete Partner sein. Hektik, schlechte Laune, Jähzorn oder grobes Verhalten quittieren sie ebenso wie Unsicherheit mit Angst und Ungehorsam.

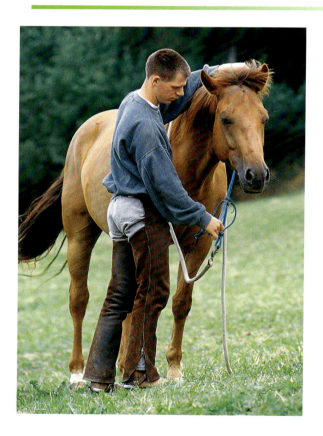

Pferdefang mit Köpfchen

Die meisten Reitschüler bereiten ihr Pferd heute selber für die Reitstunde vor. Dabei haben Pferd und Mensch Gelegenheit, sich zu „beschnuppern" und kennenzulernen.

So bleibt es nicht aus, dass Pferde nicht nur aus einer überschaubaren Box geholt werden, sondern auch aus größeren Gruppen von Artgenossen. Dazu geht man ruhig und entschlossen von der Seite auf das Pferd zu, ohne es direkt anzusehen. Bleibt es stehen, lobt man es. Der Führende steht in Blickrichtung Pferd. Dann wird der Führstrick über den Hals gelegt und das offene Stallhalfter vorsichtig über Nase und Ohren gezogen. Nimmt das Pferd den Kopf hoch, schiebt man mit einer Hand die Nase zu sich her, mit der anderen zieht man das Halfter über. Zum Führen muss die Schnalle geschlossen sein, sonst könnte das Pferd mit einem Ruck herausschlüpfen.

Um ein Pferd sicher von der Weide zu holen, muss der Mensch wissen, wie er sich richtig nähert. Wichtig sind ruhige Bewegungen und eine Körperhaltung, die dem Pferd deutlich macht, dass man weiß, was man will.

Ein Leckerli gibt es frühestens außerhalb der Reichweite von Artgenossen. Schnell findet man sich sonst mit einem Pferd am Strick in einer Meute eifersüchtiger und vernaschter Raufbolde wieder – das ist nicht nur unangenehm, sondern auch gefährlich!

Richtig führen

Pferde werden außerhalb des Stalles grundsätzlich mit Stallhalfter und Strick oder Trense und Zügeln geführt. Das Pferd läuft mit dem Kopf auf Schulterhöhe des zügig voranschreitenden Menschen, der das Pferd dabei nicht ansieht. Der Strick sollte locker sein. Aus dieser Position kann der Mensch treibend einwirken, aber auch nach vorne begrenzen. Erschrickt das Pferd, springt es hinter dem Führenden zur Seite. Läuft das Pferd zu weit vorne, kann der Führende nicht an Kopf oder Brust bremsend einwirken und wird vielleicht sogar das Ziel auskeilender Hufe, sollte das Pferd davonstürmen. Läuft das Pferd direkt hinter dem Menschen, kann er einerseits nicht sehen, ob es beunruhigt ist oder Quatsch macht, andererseits befindet er sich im toten Winkel und wird womöglich vom Pferd überrannt, falls es sich vor etwas erschrickt.

Zögerliche oder trödelnde Pferde muntert man mit Stimme und Gerte auf. Vorausziehende Pferde bremst man ebenfalls mit der Stimme und durch ein Antippen mit der Gerte auf der Brust. Die Gerte wird beim Führen immer auf der pferdeabgewandten Seite getragen. Schwierige oder stürmische Pferde führt man besser mit einer Führkette, die jedoch nicht dauerhaft Druck auf die Nase ausüben darf.

Zu gutem Unterricht gehört auch die Bodenarbeit mit Pferden. Hier lernt man den sicheren Umgang mit dem Vierbeiner. Das Vertrauen zwischen Pferd und Mensch wächst und erleichtert auch die Zusammenarbeit unter dem Sattel.

Bei fremden Pferden zieht man zum Führen am besten Handschuhe an. Ein durch die Hand gezogener Nylonstrick hinterlässt Brandblasen. Der Führstrick darf nie um einzelne Finger gewickelt werden. Reißt das Pferd sich los, würde es die Finger brechen oder abtrennen. Ist der Strick um die ganze Hand gewickelt, schleift das Pferd womöglich den Führenden mit.

Der Weg zur Koppel birgt die größten Gefahren. Oft können es Pferde kaum erwarten loszukommen. Hier ist Konsequenz gefordert. Man stellt das Pferd ein paar Meter vom Koppelzaun in Blickrichtung Ausgang und löst erst dann den Strick. So kann man sich gefahrlos entfernen, während das Pferd sich umdreht und dann ausgelassen davonbuckelt.

Pferde anbinden

Um das Pferd anzubinden, sucht man sich einen sicheren Platz an einer Anbindestange oder einem Ring in der Mauer. Der Strick wird in Brusthöhe des Pferdes festgemacht. Er soll nur so lang sein, dass das Pferd seinen Kopf wenden und seine Umwelt beobachten kann, aber kurz genug, dass es nicht darüber steigt. Ein Sicherheitsknoten verhindert, dass das Pferd sich selbst befreit. Ideal sind Stricke mit Panikhaken, die sich selbst öffnen, bevor sich das Pferd verletzt. Bewegliche Gegenstände sind nicht zum Anbinden geeignet. Ein flüchtendes Pferd hat viel Kraft und würde den Gegenstand mitschleifen, was die Panik noch erhöht. Der Anbindeplatz sollte aufgeräumt sein, sodass das Pferd sich nicht verletzen oder etwas kaputt machen kann.

Der Sicherheitsknoten

Der Führstrick wird um einen Anbindebalken oder durch einen Ring in der Wand gezogen und eine Schlaufe gelegt. Mit dem losen Ende knüpft man einige Luftmaschen und steckt das Strickende locker durch die letzte Schlaufe. So kann sich der Strick nicht festziehen und lässt sich notfalls mit einem Handgriff wieder lösen.

Blitzblank geputzt

Wir kommen dem Satteln näher. Doch bevor der Sattel aufs Pferd darf, wird es gründlich geputzt. Wo die Natur und vierbeinige Kumpel zur Körperpflege fehlen, muss erst mal der Mensch ran – auch wenn Pferde in freier Wildbahn ganz andere Vorstellungen von Sauberkeit haben. Putzen ist für den Reiter eine gute Gelegenheit, Freundschaft zu schließen.

Vor dem Reiten müssen Staub und Stroh, Mistflecken und Schweißreste aus dem Pferdefell gebürstet werden. Putzen regt die Durchblutung an und bereitet die Muskulatur auf die Arbeit vor. Es schützt außerdem überall dort vor Scheuerstellen, wo Sattel, Gurt und Zaumzeug liegen. Und man erfährt schon einiges über die Stimmung des Pferdes.

Hufcheck

Geputzt wird stets vor dem Reiten. Man beginnt mit dem Hufeauskratzen. So sieht man gleich, ob das „Schuhwerk" in Ordnung ist, Hufe ausgebrochen sind oder ein Eisen wackelt. Dann muss erst der Schmied ran und das Pferd kann in der Reitstunde nicht mitlaufen.

Zum Auskratzen hebt man nacheinander Vorder- und Hinterhufe an. Man steht seitlich am Pferd mit Blickrichtung zum Pferdepopo. Der Hufkratzer

Beim täglichen Hufeauskratzen werden Steine und Einstreureste entfernt. So hat Huffäule keine Chance. Außerdem werden Fremdkörper entdeckt, bevor sie Druckprobleme machen.

Tägliche Schweifpflege ist nicht notwendig. Das „Schweif verlesen" Haar für Haar benötigt nämlich je nach Fülle des Langhaars ordentlich Zeit. Am besten wird der Schweif davor mit Pferdeshampoo gewaschen oder mit „Pferde-Schnellreiniger" eingesprüht.

holt zuerst Schmutz und Steinchen aus der Strahlfurche, vom Ballen Richtung Spitze. Danach fährt man am Eisen oder am Hufrand entlang. Außen können die Hufe mit einer groben (Wasch-)Bürste und Wasser gereinigt werden. Nach dem Reiten werden die Hufe erneut ausgekratzt, um möglicherweise drückende Holzschnitzel oder Steine unter den Eisen zu entfernen.

Glänzendes Fell

Die Pflege des Fells erfolgt von vorne nach hinten immer in Strichrichtung. Grobem Schmutz rückt man an allen bemuskelten Körperteilen mit einem Gummi- oder Massagestriegel mit dicken Gumminoppen zu Leibe. Danach wird der feine Staub mit dem Striegel und einer Kardätsche aus dem Fell gebürstet. Die Kardätsche wird am Striegel gereinigt, indem man sie vom Körper weg über den Striegel reibt. So hat man hinterher nicht den Staub aus dem Fell in den eigenen Kleidern hängen.

Für den Kopf verwendet man eine kleinere, weiche Bürste. Die muskellosen Teile der Beine werden mit einer Wurzelbürste gereinigt und massiert. Für die empfindlichen Fesselbeugen nimmt man dagegen eine weiche Bürste.

Nach dem Reiten wird der Schweiß ausgebürstet. An warmen Tagen kann das Pferd (sofern es das gewöhnt ist) auch abgespritzt werden: zuerst die Beine, dann Bauch, Rücken und Hals. Anschließend wird das Wasser mit einem Schweißmesser aus dem Fell gezogen.

Mähne und Schweif

Ein gepflegter Schweif wird mit einer groben Bürste Strähne für Strähne gebürstet. Ist er verfilzt, wird er Haar für Haar verlesen. Ein Mähnenspray kann helfen, die feinen Knötchen und verwirbelten Strähnen zu lösen. Zu lange Schweifhaare kürzt man in Höhe des Fesselgelenks, damit das Pferd nicht darauf tritt. Vorher aber bitte den Pferdebesitzer fragen! Die Mähne der meisten Pferde wird „verzogen". Dabei werden einzelne Haarbüschel ausgezupft und die Mähne gleichmäßig lang abgeschnitten. Auf Turnieren ist eine eingeflochtene Mähne in Dressurprüfungen Pflicht. Springpferde tragen einen sportlichen Kurzhaarschnitt.

Andere Rassen, andere Sitten: Bei Isländern, Friesen und vielen anderen Rassen gehört üppiges Langhaar zum Rassestandard. Hier gilt: je länger, je schöner. Der Griff zur Schere gilt in diesen Kreisen schon beinahe als „Körperverletzung".

Das muss in die Putzbox

> Striegel – aus Plastik und Metall (zum Reinigen der Kardätsche)
> Kardätsche – groß und klein aus Naturhaar (nimmt den Schmutz auf und wirbelt ihn nicht nur herum)
> Wurzelbürste – aus Kunststoff für Mähne und Schweif
> Waschbürste – aus Kunststoff für die Hufe
> Mähnenkamm – aus Metall (Hier tut es auch eine Haarbürste)
> Schwamm – zum Abwaschen von Schweiß
> Tuch – für Maul und Nüstern
> Hufauskratzer – aus Metall mit oder ohne Bürstchen
> Huffett und Pinsel – für gelegentliche Pflege

Jedes Pferd sollte eine eigene Putzbox haben, damit Parasiten und Hauterkrankungen nicht im Stall die Runde machen.

Satteln – Schritt für Schritt

Vor dem Start in die Reitstunde muss ein Pferd gesattelt und gezäumt werden. Dabei haben Reitschüler und vierbeiniger Lehrer noch einmal Gelegenheit, sich zu beschnuppern. Beim Satteln zeigt sich, ob das Pferd Lust auf Arbeit hat. „Full Service-Ställe", die ihren Schülern den Partner für die Reitstunde fertig hinstellen, nehmen Reiter und Pferd die wichtige Möglichkeit zu prüfen, ob die Chemie stimmt.

Besondere Sorgfalt

Zum Putzen, spätestens aber zum Satteln, wird das Pferd in der Box, Stallgasse oder an einem Sattelplatz mit dem Stallhalfter angebunden, sodass es nicht weglaufen, herumhampeln oder nach seinem Reiter schlagen und beißen kann. Das kommt bei frustrierten Schulpferden leider auch mal vor. Dabei hält man auch zu anderen Pferden ausreichend Abstand.

Das Pferd wird immer zuerst gesattelt und danach aufgetrenst. Andernfalls könnte es mit den Trensenriemen oder Zügeln hängen bleiben, vor allem, wenn es kurze Zeit unbeaufsichtigt ist, während der Reitschüler weitere Ausrüstungsteile aus der Sattelkammer holt. Manche Pferde scheuern sich mit der Trense auch gerne an Wänden, Türen und Balken. Das teure Lederzeug geht dabei schnell kaputt.

Am besten sortiert man bereits in der Sattelkammer die Decke ordentlich und faltenfrei unter den Sattel. Die Bügel und der Sattelgurt werden sorgfältig hochgeschlagen. So baumeln sie beim Tragen

---

Beim Satteln legt der Reiter das geordnete Sattelzeug zuerst vorsichtig auf dem Widerrist ab und zieht es anschließend nach hinten, bis es in der richtigen Position liegt. Anschließend wird der Gurt so weit geschlossen, dass der Sattel nicht mehr herumrutschen kann. Wer ihn gleich ins letzte Loch zieht, provoziert Sattelzwang beim Pferd.

Kaltblüter und viele Ponyrassen haben eine schwierige Sattellage. Ein Schweifriemen kann helfen, den Sattel an seinem Platz zu halten. Noch besser ist es, wenn ein guter Sattler eine Lösung findet.

nicht schmerzhaft gegen die Reiterbeine oder schleifen auf dem Boden.

Der Sattel liegt auf dem linken Arm. Der Vorderzwiesel zeigt zum Ellbogen. Nun zieht man die Decke sauber in die Kammer.

Jetzt kann der Sattel aufs Pferd – aber bitte nicht werfen, auch wenn der zugeteilte Reitstundenpartner groß ist.

Über dem Widerrist legt man den Sattel langsam ab und schiebt ihn zusammen mit der Decke zurück. An der tiefsten Stelle des Pferderückens (etwa zwei Finger breit hinter dem Schulterblatt) liegt er richtig. Nun lässt man den Gurt langsam am Pferdebauch hinabgleiten und schließt die Schnallen. Das aber erst mal nur so fest, dass der Sattel nicht herunterrutscht. Wer gleich mit der Tür ins Haus fällt bzw. mit dem Gurt ins letzte Loch will, riskiert Gurtzwang und Verspannungen bei seinem vierbeinigen Partner. Vor dem Aufsteigen wird ein weiteres Mal nachgegurtet, ein letztes Mal dann nach den ersten Runden im Schritt.

Nun bleibt noch Zeit, die Bügel auf die richtige Länge einzustellen. Hierzu streckt man Arm und Hand und legt die Finger ans Steigbügelschloss. Liegt der lang gezogene Bügel unter der Achsel, ist es richtig. Zur Springstunde oder ins Gelände dürfen die Bügel ein paar Löcher kürzer sein. Dressur- und Gangpferdereiter machen sie für ein „langes Bein" dagegen zwei bis drei Löcher länger.

Hilfsmittel gegen rutschende Sättel

Schweifriemen
Der Schweifriemen ist am Hinterzwiesel des Sattels befestigt. Wenn der Sattel in der richtigen Position liegt und der Gurt angezogen ist, hebt man mit einer Hand vorsichtig die Schweifrübe an, legt den Schweifriemen darunter herum und schließt dann die Schnalle. Der Schweifriemen sitzt richtig, wenn eine Hand unter dem Schweifriemen aufrecht Platz hat. Vorsicht, dass keine Schweifhaare eingeklemmt sind!

Beim Absatteln öffnet man zuerst den Schweifriemen, dann den Sattelgurt.

Vorgurt
Der Vorgurt ist ein extra Gurt aus dickem Leder mit kleinen Bügeln, die das Vorrutschen des Sattels abbremsen sollen. Er wird vor dem Satteln hinter dem Widerrist fixiert. Dazu legt man eine Satteldecke oder ein Pad zum Abpolstern darunter. Hinter dem Vorgurt wird der Sattel abgelegt. Alternativ gibt es Vorgurte, die vor dem Sattelgurt in die sogenannten Vorgurtstrupfen eingeschnallt werden.

Vorderzeug
Seltener rutscht ein Sattel im Gelände oder beim Springen nach hinten. Dann hilft ein Vorderzeug, das den Sattel mit y-förmigen Lederriemen über der Pferdebrust fixiert.

Alle diese Hilfsmittel dürfen einen gut angepassten Sattel nur ergänzen, nicht aber einen schlecht sitzenden Sattel fixieren wollen.

Von links aufs Pferd

Viele Reitschüler fragen sich, warum am Pferd alles von links gemacht wird. Hier gibt es die Antwort: Die „Linksbewegung" stammt noch aus der Zeit der Kavallerie. Die Offiziere trugen links den Säbel, damit sie ihn mit der rechten Hand im Kampf ziehen konnten. Deshalb konnten sie auch nur von links aufsteigen. Die linke Hand blieb für andere Arbeiten frei. Nun sind (Schul-)Pferde Gewohnheitstiere, die auf Veränderungen wie das Satteln und Auftrensen von rechts irritiert und unwillig reagieren. Sie lässt man besser bei links, während allen anderen Pferden ein bisschen Kopfarbeit und Abwechslung guttut, um etwas gegen pferdische Einseitigkeit zu tun. Aber Achtung! Auch Menschen leben gerne mit eingefahrenen Bewegungsmustern. Beim Aufsteigen von rechts wird schnell klar, wer wirklich flexibel ist. Übrigens, andere Länder, andere Sitten: In Island wurde früher immer von rechts aufgestiegen, in der Mongolei hält man es heute noch so.

Auftrensen – Schritt für Schritt

Während man zum Reiten auf einen Sattel auch mal verzichten kann, ist das Zaumzeug beinahe unentbehrliches Zubehör. Gebiss, Halfter und Zügel stellen eine wichtige Verbindung dar, um sich mit dem Pferd zu verständigen. Jedes Pferd sollte sein eigenes Zaumzeug haben, das gut angepasst ist und nirgends drückt. Auch das Gebiss muss auf das Pferd individuell abgestimmt sein, damit die Hilfen ohne Missverständnis ankommen.

Empfindliche Pferde lassen sich ungern an den Ohren anfassen. Die Trense sollte dann ausreichend weit eingestellt sein, damit die Ohren nicht unter dem Nackenriemen „durchgestopft" werden müssen. Anschließend zieht man vor allem bei üppig mit Langhaar ausgestatteten Pferden den Schopf hindurch. Die Riemen werden in der Reihenfolge Kehlriemen, Nasenriemen, Sperrriemen geschlossen. Zuletzt prüft man von vorne, ob die Trense gerade sitzt.

Wichtig ist beim Auftrensen die Vorbereitung: Als Erstes sollte man Ordnung im Riemensalat machen. Am besten ist es, wenn immer alle Teile bereits beim Abtrensen geordnet auf den Trensenhalter in der Sattelkammer gehängt werden.

Zum Auftrensen steht man links vom Pferdekopf und schaut nach vorne. Das geöffnete Stallhalfter zieht man über den Pferdehals. So stört es nicht, der Kopf ist frei und das Pferd bleibt angebunden.

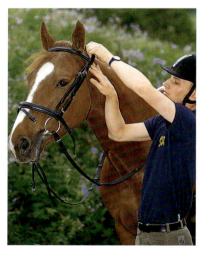

Nun legt man die Zügel über den Pferdehals. In der rechten Hand fasst man die geordnete Trense an den Backenriemen unterhalb des Genickstücks und Stirnriemens. Diese Hand wird auf die Pferdenase gelegt und hindert den Kopf am Wegziehen. Der Arm wird dazu unter dem Pferdekopf durchgeführt. Gefügige Pferde öffnen bei leichtem Druck auf die Lippen das Maul. Mit der linken Hand schiebt man dann sanft das Gebiss hinein.

Die Trense wird so weit nach oben gezogen, dass das Gebiss nicht mehr aus dem Maul rutschen kann, und das Genickstück vorsichtig über die Ohren gestreift. Der Schopf wird ordentlich über das Stirnband sortiert. Zuletzt schließt man die Riemen. Ist das Pferd fertig, kann auch das Stallhalfter abgenommen werden.

Niemals darf das Pferd an den Zügeln direkt angebunden werden. Würde es sich losreißen, könnte es sich sonst schwer im Maul verletzen.

Behutsam und pferdegerecht

Nicht alle Pferde schlüpfen gerne ins Zaumzeug. Einige nutzen das Ritual für kleine Spielchen und Neckereien mit dem Menschen, andere haben aber schlechte Erfahrungen mit dem Gebiss gemacht und sind deswegen vorsichtig oder vielleicht auch besonders empfindlich. Man sollte beim Zäumen deshalb immer sehr behutsam sein.

Manche Pferde strecken den Kopf in die Höhe. Bei ihnen steht man links vorne am Kopf und nimmt das Zaumzeug an den Backenriemen in die rechte Hand. Dann legt man diese auf den Nasenrücken des Pferdes. Nun zieht man den Kopf langsam zu sich her und schiebt mit der linken das Gebiss vorsichtig ins Maul. Mit beiden Händen kann man nun das Zaumzeug über das Genick ziehen und die Schnallen verschließen. Das Senken des Kopfes kann man immer wieder im Alltag üben!

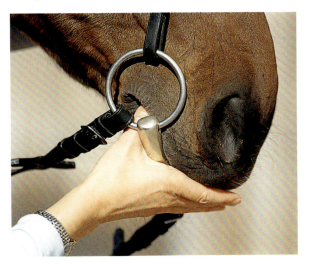

Reithalfter richtig verschnallt

> **Englisches Reithalfter**
Der Nasenriemen läuft unter den Backenstücken durch und liegt zwei Finger breit unter dem Jochbein. Ist er geschlossen, passen zwei Finger darunter. Unter dem Kehlriemen findet eine aufrechte Hand Platz.

> **Kombiniertes Reithalfter**
Das Englische Reithalfter ist durch einen dünnen Riemen ergänzt, der an einer Schlaufe am Nasenriemen fixiert ist und das Aufsperren verhindern soll. Er muss geschlossen einem Finger Platz bieten.

> **Hannoversches Reithalfter**
Hier läuft der Nasenriemen über die Trensenringe. Er liegt gut zwei Fingerbreit oberhalb des Endes vom Nasenbein, damit er das Pferd nicht beim Atmen behindert. Zwei Finger sollten darunterpassen.

Will das Pferd das Maul nicht öffnen, greift man mit dem Daumen der Hand, in der das Gebiss liegt, in den Maulwinkel. Der Daumen schiebt sich auf dem Unterkiefer in die Lücke zwischen Schneide- und Backenzähnen und übt leichten Druck auf die Laden aus. Das Pferd wird das Maul nun öffnen und die Hand schiebt das Gebiss sanft hinein. Solche Pferde sind oft besonders empfindlich im Maul. All das geschieht in Ruhe und mit freundlichen Worten.

Nach dem Reiten

Vor dem Abtrensen öffnet man erst alle Riemen, insbesondere auch den Nasenriemen und den Sperrriemen. Steigt ein Pferd hektisch aus dem Zaumzeug, könnte es das Maul sonst nicht weit genug öffnen, um das Gebiss loszulassen. Zieht es in Panik nach hinten weg, schlägt es sich mit dem Gebiss womöglich die Schneidezähne aus. Am besten wird das Gebiss gleich unter fließendem Wasser von Speichelresten befreit.

Nun wird das Zaumzeug geordnet in der Sattelkammer am Trensenhalter des Pferdes aufgehängt, damit das verschwitzte Leder trocknen kann.

Den Daumen ins Pferdemaul zu legen kostet Überwindung. Die andere Hand legt man von unten auf den Nasenrücken des Pferdes, das verhindert das Wegziehen des Kopfes.

Warm-up für Reiter

Gleich geht es endlich aufs Pferd. Ehrenwort! Doch vorher darf sich auch der Reiter ein paar Gedanken zu seiner körperlichen Fitness machen. Reiten fordert ziemlich ausgewogen eine Vielzahl verschiedener Muskeln, auch solche, die im Alltag häufig zu kurz kommen (und kurz werden). Daher zwickt es immer mal wieder am einen oder anderen Ende nach dem Absteigen, der Muskelkater fällt zuweilen heftig aus. Dem kann man abhelfen.

Was dem vierbeinigen Sportler recht ist, sollte dem Reiter billig sein: die körperliche Fitness. Einseitige Büro- und Maschinenarbeit oder lange Schultage lassen uns mit hängenden Schultern und müdem Rücken in die Reitstunde gehen. Kein Wunder, dass die „Arbeit" im Sattel da ebenso anstrengend und ermüdend ist. Muskelkater ist die schmerzhafte Folge.

Gute Reiter haben ein ausgeprägtes Körpergefühl und eine gute Körperbeherrschung. Sie sind bewusst in der Lage, einzelne Muskeln während des Reitens zu lockern. Hilfreich, nicht nur für den Reitsport, sind Entspannungstechniken wie autogenes Training, Tai Chi oder die Muskelentspannung nach Jacobsen. Wer sie beherrscht, kann meist jederzeit einzelne Verspannungen (mit Bildern im Kopf) lösen.

Das richtige Training

Vor allem Anfänger leiden zu Beginn unter höllischem Muskelkater und können am Tag nach der Reitstunde kaum mehr Treppen steigen. Das liegt jedoch nicht nur an der anfänglich aufgeregten An- und Verspannung, sondern meist auch an der mangelnden Vorbereitung der Muskulatur. Kalte und völlig untrainierte Muskeln sind schnell überlastet und quittieren ihren Dienst. Aufwärmtraining vor dem Aufsitzen ist deshalb kein Luxus: Ein kurzer Lauf um den Hof, Seilspringen (natürlich außer Reichweite der Pferde) oder Sprünge auf eine stabile (!) Putzbox lassen die Muskeln schnell Betriebstemperatur erreichen. Danach empfehlen sich ein paar Stretchingübungen und dem Reitvergnügen ohne schmerzhaften Muskelkater steht nichts mehr entgegen.

Obwohl Reiten viele Muskeln fordert, beansprucht auch diese Sportart einzelne Muskelgruppen mehr als ihre Gegenspieler. Zusammen mit der Arbeit des Alltags entstehen da leicht Defizite, die wiederum Probleme beim Reiten machen. Trainingsbedarf haben meist die Muskeln im Schulterbereich. Rundrücken sind heute typisch für Büromenschen und geplagte Schüler. Ebenso trainiert werden müssen die Bauchmuskeln, die einer durchs Reiten erstarkten Lendenmuskulatur entgegenwirken sollen, um beim „Kreuzanspannen" wertvolle Dienste zu leisten.

Wer schon immer wissen wollte, wo die sagenhaften gezerrten Adduktoren von Profi-Fußballern eigentlich sitzen, wird es mit dem Muskelkater nach der ersten Reitstunde sicher wissen. Sie kann

Verspannungen sind häufig die Quelle für Sitzfehler. Dadurch kommt es zum Beispiel zu einem optischen Rundrücken.

Gymnastische Übungen dehnen vor allem die durch das viele Sitzen am Schreibtisch verkürzte Brustmuskulatur.

man im Sitz am Boden auf ihre Aufgabe (treibende Schenkelhilfen) vorbereiten: Fußsohlen aneinanderstellen, die Füße mit den Händen zum Gesäß ziehen und halten.

Die Rücken- und Gesäßmuskulatur trainiert man am einfachsten in Rückenlage. Beine leicht anziehen, die Hände locker neben dem Po ablegen und das Becken anheben, bis der Oberkörper zwischen Schultern und Knien eine Gerade bildet. Die Bauchmuskulatur stärkt man effektiv durch Sit-ups oder das Anheben und Ablegen der gestreckten Beine.

Eine gedehnte Waden- und Unterschenkelmuskulatur erleichtert den tiefen Absatz, der ja nicht aktiv heruntergedrückt werden soll und an anderer Stelle zu einem wackeligen Sitz und Verspannungen führen würde.

Wer nur ein- oder zweimal wöchentlich auf dem Pferd sitzt, sollte seine Zeit nutzen und mit täglichen Fitnessübungen, regelmäßigen Waldläufen oder Nordic Walking, aber auch durch Schwimmen oder Ballsportarten den notwendigen Ausgleich zur Reiterei suchen. Wer öfter reitet oder gar ein Pferd sein Eigen nennt, scheitert meist an der fehlenden Zeit. Doch auch Menschen mit engem Zeitplan haben viele Möglichkeiten, mit kleinen Fitnesspausen und Übungen im Alltag ihre Bewegungsfähigkeit und Körperbeherrschung zu verbessern. Das kommt auch der Gesundheit zugute.

Die Leiste ist eine sehr beanspruchte Körperpartie und vor allem Reitanfänger leiden hier am Anfang unter heftigem Muskelkater.

Dehnungsübungen nach einem kleinen Aufwärmprogramm machen wie bei anderen Sportarten die Muskulatur leistungsfähig und geschmeidig.

Grundkurs
Reiten lernen

Auf- und Absitzen

Aufs Pferd kommt man auf vielen Wegen, runter meist schneller. Für das Auf- und Absteigen gibt es zahlreiche Methoden: sportlich forsch, grazil und elegant, mit und ohne Hilfsmittel, geklettert oder hochgezogen, hinabgeglitten oder abgesprungen. Hinter korrektem Auf- und Absteigen steckt Methode: Schließlich soll beides pferdefreundlich und sicher für den Reiter sein.

Pferd und Sattel danken dem Reiter einen sanften Aufstieg. Wer seinem Schulpferd plump in den Rücken fällt oder den Sattel stark auf die Seite zieht, hat schon vor Beginn der Stunde beim Vierbeiner alle Sympathien verspielt. Wer selber steif ist, lässt sich am besten helfen – durch Festhalten des Pferdes, Gegenhalten des Sattels oder mit einer Aufstiegshilfe.

In den Bauch gerammte Stiefelspitzen, ein Plumps in den Sattel oder der Tritt eines abstürzenden Reiterbeins auf der Kruppe nerven auch ein gutmütiges Schulpferd schon vor Beginn der Reitstunde. Wer aber weiß, wie es geht, kommt auch ohne Kletterkurs auf das Pferd.

Die Aufstiegshilfe

Die Aufstiegshilfe ist nicht nur für Unbewegliche, Kinder, Rentner und kleinwüchsige Ponyreiter, sondern einfach nur pferde- und sattelfreundlich. Steigt man so auf, wirken nämlich keine Riesenkräfte auf Pferdewirbel und Equipment. Ein Tritthocker oder ein stabiler Stuhl reichen zum Aufsteigen aus. Schnell lernen alle Pferde, an solchen Aufstiegshilfen still zu stehen.
Auch im Gelände muss man hin und wieder ab- und dann natürlich wieder aufsteigen, zum Beispiel nach einer Pause oder einer unwegsamen Stelle. Pferde, die an Aufstiegshilfen gewöhnt sind, lassen sich auch hier problemlos an einen Baumstumpf oder geeigneten Holzstapel dirigieren und warten brav, bis der Reiter sicher im Sattel sitzt.

Aufstieg auf der klassischen Route

Viele vierbeinige Reitlehrer sind nicht gerade klein und fordern von ihren Schülern neben ordentlicher Sprungkraft auch die richtige Technik.

Aufgesessen wird traditionell von links. Der Reiter steht mit dem Gesicht Richtung Schweif. In der linken Hand hat er beide Zügel und die Gerte. Damit greift er unter den Vorderzwiesel des Sattels. Nun dreht er den Steigbügel nach rechts zu sich her und steigt mit dem linken Fuß in Schweifrichtung hinein. Mit dem Fuß im Bügel greift er nun mit der rechten Hand an den hinteren Sattelrand, holt Schwung und stößt sich kräftig nach oben ab. Ohne die Kruppe zu berühren, schwingt er das rechte Bein in einem Bogen über das Pferd und setzt sich vorsichtig in den Sattel. Nun werden die Zügel aufgenommen, der Reiter angelt sich vorsichtig auch den rechten Bügel.

Der Nachteil dieser Methode ist die stark seitlich auf den Pferderücken einwirkende Kraft, die sogar zu Wirbelblockaden beim Pferd führen kann. Mit der Zeit verzieht sich dadurch aber auch der Sattel und beginnt zu drücken.

Die Kavallerie-Methode

Früher stiegen Kavalleristen mit der folgenden Methode aufs Pferd. Ihnen blieb nichts anderes übrig, denn das Marschgepäck hinter dem Sattel ließ keinen Platz für die Hand. Heute nutzen auch Gangpferde-, Western- und Wanderreiter (mit ähnlich viel Gepäck) diese Aufstiegsvariante. Bei schlechter Sattellage des Pferdes ist diese Methode auch erste Wahl.

Der Reiter steht in derselben Blickrichtung wie das Pferd. Mit der linken Hand greift er oben an die linke Sattelpausche, mit der rechten Hand über das Pferd auf die gegenüberliegende Seite. Links hält er auch Gerte und Zügel. So kann er dem Pferd beim Aufsteigen nicht versehentlich die Gerte in die Flanke klatschen und den Vierbeiner unkontrolliert in Gang setzen.

Ist der linke Fuß im Steigbügel, heißt es, sich mit kräftigem Schwung nach oben abzustoßen – und das ohne gegen den Pferdebauch zu knallen. Im Schwung nimmt der Reiter den Oberkörper nach vorne und lässt das rechte Bein wiederum ohne Berührung über die Kruppe gleiten. Langsam setzt er sich in den Sattel, fasst die Zügel nach und stellt anschließend auch den rechten Fuß in den Bügel.

Liegt der Sattel noch richtig, kann es nach dem Nachgurten gleich losgehen. Ist der Sattel dagegen beim Aufsteigen deutlich auf die Seite gerutscht, führt kein Weg daran vorbei, abzusteigen, neu zu satteln (dabei den Sattelgurt etwas fester anziehen) und es noch einmal zu versuchen.

Sicher absitzen

Unkomplizierter als der Aufstieg ist das Absitzen: Der Reiter geht mit beiden Füßen aus den Bügeln und nimmt die angenommenen Zügel sowie die Gerte in die linke Hand. Nun schwingt er das rechte Bein vorsichtig über die Kruppe auf die linke Seite. Der Oberkörper kippt dazu leicht nach vorne. Nun lässt sich der Reiter langsam auf den Boden herab. Dabei hält er die Zügel fest.

Bevor es zurück in den Stall geht, werden eventuelle Hilfszügel ausgeschnallt, der Gurt wird um zwei Löcher gelockert und die Bügel werden übergeschlagen oder an der unteren Riemenhälfte nach oben geschoben und die Riemen anschließend durch die Steigbügel geschlauft.

Hufe auskratzen vor dem Verlassen der Bahn nicht vergessen, damit der Belag nicht über den gesamten Hof verteilt wird!

Erste Übungen an der Longe

Ob vor dem Unterricht in der Abteilung Longenstunden sinnvoll sind oder nicht, hängt neben dem Selbstvertrauen des Schülers auch von seinen körperlichen Voraussetzungen ab. Kinder sind unerschrocken und lernen schnell spielerisch die neuen Bewegungsabläufe. Erwachsene Reitanfänger tun sich meist schwerer. Ihnen fehlt die kindliche Ungezwungenheit – im Kopf und im Gesäß. Hinzu kommt die Angst vor dem Fallen.

Die Frage nach der Notwendigkeit von Longenunterricht ist schnell beantwortet.

Nirgendwo sonst als beim Longieren hat der Reitanfänger eine bessere Gelegenheit, die Bewegung des Pferdes ebenso wie die eigene Balance in entspannter Atmosphäre zu erfahren. Er kann sich ausschließlich auf das eigene Gefühl und das Pferd konzentrieren und in Ruhe erspüren, wie er am besten zu einem geschmeidigen Reitersitz findet. Im individuellen Tempo und abhängig von der eigenen Körperkontrolle lernt er, sich auch in schnelleren Gangarten rasch wohlzufühlen und ruhig zu atmen.

Der Weg zum sicheren Reiter

> Vertrauen zum Pferd fassen und angstfrei reiten
> Losgelassenheit erleben: emotionale und körperliche Lockerheit bei guter Körperkontrolle
> Gleichgewicht und Rhythmus in der Bewegung finden
> Schulung des Sitzes
> Förderung des Bewegungsgefühls
> Hilfen und Einwirkung lernen

Die ersten fünf Schritte können an der Longe vergleichsweise schnell erlernt und umgesetzt werden. Der sechste Schritt steht am Übergang zum selbstständigen Reiten.

Ein bisschen Zirkusfeeling

Die Hilfen übernimmt der Longenführer, der das Pferd sicher unter Kontrolle hat. Der Reitschüler muss so auch nicht auf Mitreiter in der Stunde Rücksicht nehmen, das Tempo der Abteilung mitgehen, obwohl der Sitz gerade wackelt, der Bügel verloren ging oder ihn ein Anfall von Selbstzweifeln momentan fest in den Klauen hält. Außerdem genießt er die volle Aufmerksamkeit des Reitlehrers – auch wenn das meist mehr kostet als eine normale Reitstunde in der Gruppe. Wer es sich zutraut und ein gutes Körpergefühl hat, kann aber auch ohne Longenstunden auskommen.

Am Beginn der Karriere stehen erste Übungen im Schritt. Mit geschlossenen Augen kann der Reitschüler sich von der Bewegung des Pferdes mitnehmen lassen. Er lernt zu fühlen, wann das innere

Hinterbein abfußt, denn das ist später der richtige Moment, um korrekt zu treiben. Über verschiedene Sitzpositionen – den Oberkörper auf den Hals gelegt oder deutlich nach hinten gelehnt – lernt der Anfänger, die Mittelpositur zu finden. Dann heißt es raus aus den Bügeln: Die Beine werden dann abwechselnd angezogen und die Fußspitzen bewusst weit nach außen und nach innen gedreht. Die Arme können im Wechsel nach vorne oder hinten kreisen. Komplizierter wird die „gegenläufige Acht": Der Schüler dreht den Oberkörper weit nach links und rechts – eine erste Übung für den Drehsitz zum Durchreiten von Ecken und gebogenen Linien.

Die Grenzen der von der Pferdebewegung unabhängigen Bewegung des Körpers erfährt, wer einen Ball um seinen Rumpf rollt. Auch das Jonglieren von Tennisbällen hilft, den Sitz zu festigen und die anfangs zwanghaft auf den Halt suchenden Reiterpo fixierten Gedanken abzulenken.

Später kommt das „Notfall-Training": Die Steigbügel werden losgelassen und mit den Füßen wieder geangelt. Außerdem kann man bereits üben, die Zügel aufzunehmen und wieder aus der Hand zu geben.

Reiten macht Spaß. Wer krampfhaft die Zähne zusammenbeißt, verspannt automatisch im Gesäß und hat einen instabilen Sitz. Wer dagegen lächelt und den Kiefer leicht öffnet, gibt seine Verspannung auf. Ähnliche Übungen werden auch im Trab gemacht.

Longenstunden – nur für Anfänger?

Was nach Spezialprogramm für Anfänger aussieht, hat auch für fortgeschrittene Reiter einen großen Nutzen: An der Longe können mit gezielten Übungen eingeschlichene Sitzfehler effektiv korrigiert werden.

Es ist möglich, sich ohne an Treiben oder Paraden zu denken ganz und gar auf den Körper und das Sitzgefühl zu konzentrieren. Der Reiter kann sich in allen Gangarten in die Bewegungen des Pferdes einfühlen und das korrekte Timing für alle Schenkel- oder Gewichtshilfen ohne Ablenkung erspüren.

Auch ängstliche Reiter, die zum Beispiel einen Sturz erlebt haben, finden an der Longe wieder zu Sicherheit und Vertrauen.

Auch die Lehrlinge der Wiener Hofreitschule dürfen im ersten Jahr ausschließlich an der Longe reiten, bevor sie auf die sensiblen vierbeinigen Profis losgelassen werden. Erste Runden im Galopp, bei denen sich der Anfänger getrost am „Maria-hilf-Riemen" oder in der Mähne festhalten darf, lassen einen Vorgeschmack auf schaukelndes Vorwärtskommen zu.

Einige Reitschulen oder Reitvereine bieten in Vorbereitung auf den Reitsport vor allem für jüngere Kinder Voltigieren an. Dies ist eine gute Vorbereitung auf einen ausbalancierten Sitz und kann die Zeit überbrücken, bis Kinder ausreichend groß sind, um mit dem Reiten zu beginnen. Manche bleiben aber auch beim Voltigieren!

Der eine braucht die lange Leine, der andere will gleich sein eigener Herr sein. Reitanfänger sollten in dieser Hinsicht auf ihr Gefühl hören. Auch fortgeschrittene Reiter kehren immer wieder mal zur Sitzkorrektur an die Longe zurück.

Erwachsene Reitanfänger bringen häufig ein verkümmertes Körpergefühl und Probleme mit der Balance mit in die ersten Reitstunden. Hier hilft der Longenunterricht mit gezielten Übungen, den eigenen Körper wieder spüren zu lernen.

Die Sache mit der Angst

„Das größte Glück der Pferde ist der Reiter auf der Erde." Dieser Spruch wird von fortgeschrittenen Reitern, aber auch von Menschen, die sich selbst nie auf ein Pferd trauen würden, im Beisein von Reitanfängern gerne strapaziert. Doch kaum ein Pferd hat ein Interesse, seinen Reiter so schnell wie möglich in den Reitplatzsand zu befördern. Und trotzdem ist sie bewusst oder unbewusst häufiger Begleiter – die Angst.

Angst gilt bei vielen Reitanfängern als lästig oder peinlich. Das ist sie aber ganz und gar nicht. Ohne Angst gäbe es uns Menschen nämlich nicht: Wir wären bereits vor Urzeiten von Säbelzahntigern gefressen worden. Und damit sind wir den Pferden schon mal recht ähnlich. Auch ihnen diente diese „Primäremotion" zum Überleben, solange sie nicht in sicheren Ställen zu Hause waren.

Die Angst im Griff

Die Angst ist ein in die Zukunft gerichtetes Warnsignal und wird immer dann aktiv, wenn wir (unbewusst) glauben, eine Situation nicht kontrollieren zu können. Der Reitanfänger ist damit reichlich oft konfrontiert. Ein Pferd würde an dieser Stelle sofort die Flucht antreten, während wir Menschen nach einem Ausweg suchen können.

Angst vor unbekannten Situationen ist vor allem am Anfang völlig normal. Schließlich sieht der Einsteiger aufgrund mangelnder Erfahrung mit dem Pferd die Reaktion seines Tieres am Boden oder im Sattel nur schwer voraus. Die Körperbeherrschung muss noch geschult werden. Da kann schon mal ein kleiner Hüpfer reichen, um den Reiter in „Wohnungsnot" zu bringen.

Angst ist also ein gesundes Gefühl, das der Selbsterhaltung dient. Trotzdem wird sie manchmal übermächtig. Dann wirkt sie lähmend. Meist ist es

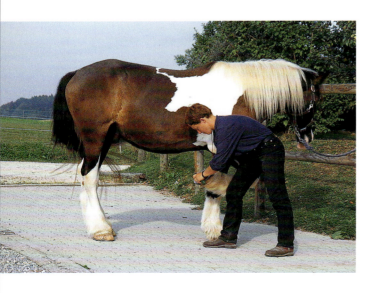

Respekt schützt, Angst lähmt. Respekt vor den großen Tieren schützt vor Leichtsinn. Die Angst des Menschen verunsichert dagegen auch die Tiere und macht sie unberechenbar.

Der angstfreie Umgang mit Pferden setzt Vertrauen von beiden Seiten voraus. Dieses zu entwickeln bedarf aber Zeit und ist nicht in wenigen Reitstunden erlernbar.

Negative Erlebnisse hinterlassen manchmal tiefe Furchen in der Reiterseele. Dann heißt es, ein paar Gänge zurückzuschalten und wieder Vertrauen aufzubauen.

der Gedanke an einen möglichen Sturz, der – autsch – den ganzen Körper in Alarmbereitschaft versetzt: Adrenalin fließt durch die Adern, die Wahrnehmung wird feiner und der Reiter hört die Flöhe husten. Die Muskelanspannung nimmt zu, Herzfrequenz und Blutdruck steigen, die Atmung wird flach, der Mund trocken und dem Pferd steigt der Angstschweiß in die Nase.

Doch so weit muss es nicht kommen. Aus anfänglicher Angst sollte Respekt vor dem Pferd und seinem sensiblen Wesen erwachsen. Diesen braucht es, um nicht leichtsinnig im Umgang mit den großen Vierbeinern zu werden. Dominiert die Angst aber über das Vertrauen, ist Lernen nicht möglich. Reiten schon gar nicht, denn dazu bedarf es der Losgelassenheit des Reiters.

Angst überwinden

Wer sich seiner Angst bewusst ist, ist auf dem besten Weg, sie zu beherrschen.

Anfängern hilft es in der Regel, sich bereits vor den ersten Reitstunden intensiv mit den Pferden zu beschäftigen. Putzen, Streicheln und Pflegearbeiten in Pferdenähe bieten die Möglichkeit, die Tiere und ihr Verhalten in Ruhe zu studieren und Vertrauen zu gewinnen. Dabei sollte ein erfahrener Pferdemensch zur Seite stehen und das Pferdeverhalten deuten.

Die ersten Reitstunden sollten eher ängstliche Einsteiger an der sicheren Longe machen. Hier können sie sich in vertrauensvoller Atmosphäre ganz auf ihr Körpergefühl und die Bewegungen des Pferdes konzentrieren, während der Reitlehrer die Kontrolle des Pferdes übernimmt. Schnell wird der Reitschüler sich entspannen können und sein neues Hobby genießen.

Aber Achtung! Zweibeinige Reitlehrer können die Angst ihrer Schüler im Gegensatz zu ihren vierbeinigen Assistenten nicht riechen, und manche Reiter versuchen gekonnt, sie zu überspielen. Besser ist es, darüber zu sprechen, denn Angst führt zu Verspannungen und diese sind Gift für einen ausbalancierten und sicheren Sitz. Schnell wird der Schüler an seine Grenzen stoßen und der Lernfortschritt ausbleiben.

Schüler und Lehrer sollten die Ursachen der Angst analysieren und abstellen. Ursachen von Angst können Überforderung, aber auch Misstrauen gegenüber einem bestimmten Pferd sein. Dann hilft ein Pferdetausch.

Kleine Hilfsmittel erleichtern das Reiten: Fühlt sich der Reiter unsicher, darf der Maria-hilf-Riemen am Sattel ruhig in Anspruch genommen werden. Das ist sinnvoller als die Angstbewältigung vieler fortgeschrittener Reiter (die natürlich keine Angst haben ...), die sich mit Gerte, Sporen und scharfen Gebissen bewaffnen und jede Regung ihres Vierbeiners mit schmerzhaften Strafmaßnahmen beantworten.

Die Grundvoraussetzung für Freude am Reiten ist Vertrauen, das des Reiters und das des Pferdes. Dann hat die Angst keine Chance.

Der Reitersitz

Der korrekte Sitz ist in allen Reitweisen die wichtigste Voraussetzung für gutes, sicheres, balanciertes Reiten und Garant für ein angenehmes Miteinander von Reiter und Pferd. Zu Beginn einer Reitkarriere gilt der Sitzschulung des Reiters deshalb auch die größte Aufmerksamkeit. Doch auch fortgeschrittene Reiter lassen den Einsatz ihres Allerwertesten immer wieder kritisch an der Longe unter die Lupe nehmen und korrigieren.

Der erfolgreiche Weg zum guten Sitz

Zahlreiche Bücher wurden schon mit Abhandlungen zum Sitz des Reiters gefüllt. Bereits die alten Reitmeister legten besonderen Wert auf den korrekten Sitz, der Grundvoraussetzung für Balance und feine Hilfengebung. Das Erlernen und Erfühlen des richtigen Sitzes erfordert viel Zeit und Übung und mancher Reiter arbeitet Jahre, bis er das erste Mal das Gefühl absoluter Einheit mit dem Pferd erlebt. Sich erfolgreich auf dem Pferd zu halten, lernen mit der Zeit viele, doch die höheren Weihen der Reitkunst erlangen nur die, die mit einem guten Sitz wirklich reiten lernen.

Während in früheren Jahren der korrekte Sitz durch unermüdliche Korrekturen fehlerhaft gehaltener Fußspitzen oder eingesunkener Schultern trainiert wurde, gehen Reitlehrer heute individuellere Wege, die die „Lebensgeschichte und Bauart" von Skelett und Muskulatur ihrer Reitschüler berücksichtigen.

Manches Naturtalent sitzt schon beim ersten Mal wie angegossen auf dem Pferd. Viele, vor allem erwachsene Reitanfänger, müssen Körpergefühl, Körperbeherrschung und die Balance erst mühsam schulen.

Während Kinder ohne große Vorbelastungen aufs Pferd steigen, meist intuitiv richtig auf die Pferdebewegung reagieren und schnell zum gut ausbalancierten Sitz finden, fällt das erwachsenen Reitanfängern viel schwerer. Dennoch geraten auch Kinder – häufig während starker Wachstumsschübe vor allem in der Pubertät – im wahrsten Sinne des Wortes aus der Balance.

Erwachsene kommen häufig mit Verspannungen durch einseitige Bürotätigkeiten, Blockaden, Fehlhaltungen, einem eingeschränkten Körpergefühl oder der Angst vor einen Sturz im Nacken in die ersten Reitstunden. Ihr Lernverhalten ist kopfbetont. Mit Sitzübungen an der Longe oder ergänzender Aufbaugymnastik am Boden lassen sich die meisten Probleme aber leicht beheben.

In kaum einer Sportart wird über alle Altersstufen so schnell sichtbar, wer von Kindesbeinen einen reichen Schatz an Bewegungserfahrung erwerben konnte.

Der Dressursitz

Der Sitz des Reiters ist keine statische Haltung, sondern ein dynamisches System, in dem die Körperteile unterschiedliche Aufgaben ausführen und durch kleinste Bewegungen zu einem Gleichgewicht auf dem Pferd führen.

Beim Dressursitz, auch Vollsitz genannt, bilden Kopf, Gesäß und Ferse eine gedachte senkrechte Linie. Man kann sich den Reiter wie eine Marionette mit leicht gespannten Fäden vorstellen: Der Kopf wird aufrecht getragen. Der Rumpf ist ebenfalls aufrecht (auch am Brustbein ist ein Faden befestigt). Der Brustkorb ist gedehnt und die Schultern locker. Die Arme hängen seitlich vom Rumpf locker herab. Dabei liegen die Ellbogen am Körper. Der Unterarm bildet in der Verlängerung durch den Zügel zwischen Ellbogen und Pferdemaul eine gerade Linie. Das Becken ist aufrecht und die Hüfte geht locker in der Bewegung des Pferdes mit.

Der Reiter belastet gleichmäßig beide Sitzbeinhöcker. Die Oberschenkel fallen ohne aktive Anspannung aus der Hüfte und liegen wie die Knie flach am Sattel. Die Innenseiten der Unterschenkel berühren sanft den Pferdebauch. Die Füße liegen mit den Ballen auf den Steigbügeln. Dabei bilden die Fersen den tiefsten Punkt, werden jedoch nicht aktiv nach unten gedrückt, sondern schwingen in der Pferdebewegung leicht mit. Die Hände trägt der Reiter aufrecht vor dem Bauch. Der Zügel läuft von unten zwischen kleinem Finger und Ringfinger in die Hand und verlässt sie zwischen Daumen und Zeigefinger. Der Daumen bildet ein Dach und wirkt wie eine Bremse gegen das Durchgleiten der Zügel.

Der Drehsitz

Zum korrekten Reiten auf gebogenen Linien nimmt der Reiter den sogenannten Drehsitz ein. Er entsteht aus der Notwendigkeit, dem Pferd eine einseitige Gewichtshilfe durch den inneren Gesäßknochen zu geben, ohne mit der Hüfte einzuknicken (denn dann ist das Gewicht auf der falschen Seite ...).

Basis für den Drehsitz ist der Vollsitz. Beim Reiten von gebogenen Linien wird das äußere Reiterbein leicht zurückgelegt, bis der Unterschenkel eine Handbreit verwahrend hinter dem Gurt liegt. Die äußere Schulter nimmt der Reiter vor. Somit bilden Schultern und Becken von Reiter und Pferd jeweils Parallelen.

Der Reiter sieht dabei immer dorthin, wohin er reiten will. Ein korrekter Drehsitz auf einem gut ausgebildeten, rittigen und losgelassenen Pferd ermöglichst das nahezu vollständig zügelunabhängige Lenken des Pferdes.

Beim Drehsitz legt der Reiter das äußere verwahrende Bein eine Handbreit hinter den Gurt. So kommt das Gesäß des Reiters automatisch in die richtige Position und der innere Sitzbeinhöcker wird stärker belastet. Beim korrekten Drehsitz sind Pferde- und Reiterschulter sowie Pferde- und Reiterbecken parallel. Jetzt können auch Biegungen korrekt geritten werden.
— Reiter   — Pferd

Sitzfehler erkennen und beheben

Sitzfehler haben verschiedene Ursachen: Mangelnde Balance, Angst vor Stürzen, unregelmäßige und gepresste Atmung oder eine falsch ausgeprägte Muskulatur stehen dem korrekten Reitersitz oft im Weg. Viele Reiter halten sich damit zwar über Jahre und Jahrzehnte erfolgreich auf dem Pferd. Eine feine Hilfengebung, die Voraussetzung für die Kommunikation mit dem Pferd, ist so aber kaum möglich.

Muskelprobleme verursachen Sitzfehler

Eine stark ausgebildete Hüftmuskulatur und ein starker, gerader Oberschenkelstrecker lassen zusammen mit einer kräftigen und durch das Reiten deutlich verkürzten Rückenmuskulatur im Lendenbereich das Becken nach vorne kippen und bewirken ein Hochziehen der Knie. Die Gewichtshilfe (Aufrichten des Beckens) erfolgt so nur mit hohem Aufwand durch die Bauchmuskulatur! Gesäß und Bauchmuskulatur sind aber meist ebenso schwach ausgebildet wie der Oberschenkelbeuger. Zu starke Wadenmuskulatur

führt zum Hochziehen der Ferse. Sitzende Tätigkeiten vor allem am Computer führen zu einer verkürzten Brustmuskulatur, die das Vornüberfallen des Reiters, mindestens aber einen ordentlichen Rundrücken verursacht. Die Nackenmuskulatur ist ein häufiger Schwachpunkt und beim Reiten durch den eigentlich zu schweren Kopf noch stärker gefordert.

Beim Stuhlsitz sitzt der Reiter meist zu weit hinten im Sattel, die Beine liegen zu weit vorne oder werden verspannt nach oben gezogen.

Beim Spaltsitz sitzt der Reiter statt auf den Sitzbeinhöckern auf dem Schambein. Mit einem steifen Hohlkreuz versucht er, den Oberkörper durch Vorwärtstendenz zu stabilisieren.

Nur ein gelöster Reiter, der über eine gleichmäßig ausgebildete Rumpfmuskulatur verfügt, kann losgelassen sitzen. Der gute Reiter lässt sich weitgehend passiv in der Pferdebewegung mitnehmen. Die aktive Muskelbewegung spielt außer bei der Hilfengebung eine untergeordnete Rolle.

Sitzprobleme

Im Stuhlsitz sitzt der Reiter hinter den Sitzbeinhöckern und zieht die Knie hoch. Sättel mit nach hinten verlegtem Schwerpunkt, aber auch das ausschließliche Reiten auf Springsätteln, das Reiten mit zu kurzen Bügeln oder Bequemlichkeit führen zum Stuhlsitz. Korrekturen am Equipment und Reiten ohne Steigbügel können diesen Sitzfehler beheben.

Beim Spaltsitz sitzt der Reiter auf den Oberschenkeln, die weit nach hinten gelegt sind. Der Oberkörper fällt nach vorne. Gewichtshilfen sind praktisch unmöglich. Zu lange Steigbügel, ein Sattel mit weit vorne liegendem Schwerpunkt oder ein Festklemmen mit den Oberschenkeln sind die Ursachen.

Reiter mit Flachrücken täuschen einen korrekten Sitz vor, können aber die Bewegungen des Pferderückens in Gangarten mit Schwungphase durch die mangelhaft geschwungene Wirbelsäule nicht ausreichend puffern. Der Reiter mit Hohlkreuz mag korrekt sitzen, ist aber verspannt und kommt leicht vor die Bewegung. Auch der Reiter mit Rundrücken hat Schwierigkeiten mit Gewichtshilfen. Er kommt hinter die Bewegung.

Besondere Probleme haben Reiter mit einer seitlichen Wirbelsäulenverkrümmung, einer Skoliose. Sie haben ständig das Gefühl, schief zu sitzen und müssen über spezielle Gymnastik trainiert und in ihrem Körpergefühl geschult werden.

Sitzkiller Angst

Die unbewusste Angst vor Stürzen lässt viele Reiter vergessen, gleichmäßig zu atmen. Dadurch verspannt sich die Muskulatur vor allem im Rumpf und Gesäß, den wichtigsten Muskeln für einen stabilen und losgelassenen Sitz. Der Reiterpopo verliert langsam den Sattelkontakt, was der Reiter meist durch Klemmen mit den Knien oder Unterschenkeln auszugleichen versucht. Er kann der Pferdebewegung nicht mehr folgen und verliert – wenn er nicht erst mal tief ausatmet und gleichmäßig weiteratmet – das Gleichgewicht.

Hilfe, die Hilfen!

Geht es um die Hilfen, treibt es manchem Reitschüler den Schweiß auf die Stirn. Sitzt er doch meist auf einem ausgebufften vierbeinigen Profi und bräuchte selbst nichts dringender als Hilfe! Die Rettung naht, denn Reiterhilfen sind schließlich nichts anderes als Kommandos, die das Pferd antreiben, bremsen und lenken – und das weniger mit dem Mundwerk als im feinen Zusammenwirken von Händen, Beinen und dem Allerwertesten.

Kommunikation mit dem Pferd

Als wäre die Balance auf dem Pferderücken nicht schon Aufgabe genug, fordert der Reitlehrer nun noch den dosierten Einsatz von Körperteilen, die der Schüler lieber der Unterstützung seines Gleichgewichts zur Verfügung stellen würde. Spätestens jetzt ist Körperbeherrschung gefragt.

Als Hilfen werden alle Formen der Kommunikation mit dem Pferd zusammengefasst. Sitzt der Reiter erst mal im Sattel, macht er sich mit Händen und Füßen verständlich. Dazu kommen Gewichtshilfen, aber auch unterstützende Hilfen wie Stimme, Sporen und Gerte. Die Hilfen geben dem Pferd einen Rahmen, der sich mal treibend erweitert oder verwahrend verkürzt. Diese Hilfen öffnen oder verschließen dem Pferd den Weg nach vorne, hinten oder seitwärts.

Die Reiterhilfen sind einfach und logisch. Sie basieren vor allem auf einem Spiel mit dem Gleichgewicht zweier Körper, nämlich dem des Pferdes und dem des Menschen. Ziel ist es, in dem vorgesteck-

Der korrekte Reitersitz ist keine Frage der Ästhetik. Er ermöglicht Reitern ohne großen Aufwand, in der Pferdebewegung korrekte Gewichts-, Schenkel- und Zügelhilfen einzusetzen.

ten Rahmen die Schwerpunkte der beiden so unterschiedlichen Körper übereinander zu finden. Vorstellen kann man sich das auch wie zwei übereinanderliegende Kugeln.

Die Hilfen werden niemals isoliert eingesetzt, sondern spielen immer zusammen. Kompliziert?! Eigentlich nicht, denn ein lockerer Reiter macht vieles automatisch richtig.

Der Reiter gibt vor, das Pferd folgt der Bewegung. Becken und Schulter von Reiter und Pferd sind dann stets parallel.

Nicht frustrieren lassen soll sich der Anfänger, wenn es mit den Hilfen nicht gleich klappt. Das ist normal. Für eine feine Hilfengebung braucht man einen ausbalancierten, gefestigten Sitz und Balance in der Bewegung. Je nach Talent dauert der unsichere Zustand länger oder kürzer.

Auf guten Schulpferden, die sich auch vom Anfänger noch weich sitzen lassen, ist das einfacher zu erlernen als auf verspannten Pferden mit harten Bewegungen. Die fehlende Balance lässt sich aber auch ohne Pferd schulen – auf Baumstämmen, Gymnastikbällen, dem Trampolin, Wackelbrettern oder beim freihändigen Fahrradfahren.

Durch Verlagerung des Gewichts auf einen Sitzbeinhöcker gibt man einseitige Gewichtshilfen. Das Einknicken der Hüfte ist falsch. Beidseitige Gewichtshilfen gibt man durch Aufrichten des Beckens.

Dem Pferd einen Rahmen geben

Die Hilfen sind Kommunikationsmittel zwischen Reiter und Pferd und rahmen es ein: Kreuz und Becken des Reiters kontrollieren das Becken des Pferdes. Das Gewicht wirkt unmittelbar auf das Gleichgewicht, vorwärts oder seitwärts treibend. Die Schenkel des Reiters sorgen für den Vorwärtsschub und kontrollieren die Seitwärtsbewegung der Hinterbeine. Die Zügel sind die „Handbremse" und fangen über das Gebiss den Vorwärtsschub aus der Hinterhand ab. Sie kontrollieren die Seitwärtsbewegungen der Schulter und Vorhand. Ist der Reiter „am Pferd", ohne es einzuzuengen, spürt das Tier: „Ich bin bei dir", und findet Sicherheit.

Die Sache mit dem Kreuz – Gewichtshilfen

Ob nun von Gewichtshilfen die Rede ist oder der Reitlehrer seinen Schüler zum „Kreuz anspannen" auffordert – beide in der Reiterei verhafteten Begriffe bringen nicht wirklich auf den Punkt, was gemeint ist. Und so manchem Reiter bleibt diese Hilfe zeit seines Lebens ein böhmisches Dorf. Das Kreuz ist schließlich die knöcherne Konstruktion aus Wirbelsäule und Becken und somit ein Gelenk, aber kein Muskel, der sich anspannen lässt. Sitzt man erst mal auf dem Pferd, ändert sich auch das Gewicht für das Pferd nicht mehr. Schließlich wirft man während der Reitstunden keinen Ballast ab.

Vielmehr ist hier der Einfluss des Reiterpopos auf das Gleichgewicht des Pferdes gemeint. Der Reiter richtet sein Becken auf – so, als wolle man einen Hocker zum Kippeln bringen. Sitzt der Reiter gerade, wirkt sein Gewicht gleichmäßig auf beide Sitzbeinhöcker, die „Schnittstellen" bei der Kommunikation mit dem Allerwertesten.

Dreht man den Oberkörper, zum Beispiel beim Durchreiten einer Ecke, und legt den äußeren Schenkel noch zurück, wird bei weiter aufrechter Wirbelsäule der innere Gesäßknochen stärker belastet. Die (Gewichts-)Hilfe wirkt nun einseitig. Einseitige Gewichtshilfen braucht man beim Reiten von Biegungen, Seitengängen und zum Galoppieren. Beidseitige Gewichtshilfen wirken im Zusammenspiel mit Schenkel- und Zügelhilfen treibend, verwahrend oder entlastend.

77

Mit Händen und Füßen

Sprechen Individuen nicht dieselbe Sprache, bedienen sie sich auf der ganzen Welt ihrer Hände und Füße. So ergeht es auch dem Reiter mit dem Pferd. Schenkel- und Zügelhilfen sind deshalb neben den Gewichtshilfen als Basishilfen zum Beschleunigen, Bremsen und zum Richtungswechsel in jeder Reitweise präsent. Sie müssen aber korrekt und wohldosiert sein, um vom Pferd richtig verstanden zu werden.

Schenkelhilfen

Die Reiterbeine dürfen sich nicht am Pferd festklammern. Wer es mal bewusst ausprobiert, stellt schnell fest, dass er einerseits mit dem Po den Kontakt zum Sattel verliert und andererseits die Beine willentlich nicht mehr bewegen kann. Also: Beine immer locker, aber nicht wackeln lassen wie einen Kuhschwanz!

So ist es richtig: Das Bein fällt locker aus der Hüfte und der Oberschenkel liegt mit der Innenseite flach am Sattel. Ein Geldschein würde dazwischen liegen bleiben! Wer auf der Unterseite sitzt, macht die Knie auf. Der Sitz wird dadurch ebenso wackelig wie beim falschen Versuch, mit hochgezogenen Fersen zu treiben. Schenkelhilfen erfolgen immer impulsartig über die Innenseite der Unterschenkel. Mit dem Schenkel treibt der Reiter vorwärts, seitwärts oder wirkt verwahrend auf das Pferd.

Am Gurt liegt der vorwärtstreibende Schenkel, der seitwärtstreibende Schenkel liegt am oder knapp hinter dem Gurt. Der verwahrende Schenkel liegt eine Handbreit hinter dem Gurt und weist die

Der verwahrende Schenkel liegt eine Handbreit hinter dem Gurt.

78

Hinterhand in ihre Grenzen, um auch auf gebogenen Linien in der Spur zu bleiben.

Beidseitige Schenkelhilfen gibt der Reiter zum Vorwärts- und Rückwärtsreiten, einseitige Hilfen, um das Pferd zum Seitwärtstreten aufzufordern.

Ignoriert das Pferd beharrlich die Schenkelhilfen, hilft man besser mit einem Gertenklaps nach, als ständig den Pferdebauch „mit Füßen zu treten".

Zügelhilfen

Mit den Zügeln rahmt der Reiter sein Pferd am Kopf und Hals ein und fängt damit den Schwung aus der Vorwärtsbewegung ab. Außerdem rahmt der Zügel die Vorhand seitlich ein und der Reiter kann die Pferdeschulter kontrollieren.

Zügelhilfen entstehen aus einer gefühlvollen Verbindung mit dem Pferdemaul.

Bei halben und ganzen Paraden oder zum Wechsel in eine langsamere Gangart gibt man durch Eindrehen der aufrecht vor dem Bauch getragenen Hände annehmende Zügelhilfen. Nachgebende Zügelhilfen sind beim Anreiten oder beim Wechsel in eine schnellere Gangart angesagt. Der Reiter geht mit der Hand dann leicht nach vorne und reduziert den Druck auf den Zügel. Das Pferd kann dem treibenden Impuls von Kreuz und Schenkel nach vorne folgen.

Bei durchhaltenden Zügelhilfen bleiben die Hände „stehen", während der Reiter mit Kreuz und Schenkeln treibt.

Der anstehende Zügel ist verkürzt und bildet eine konstante, weiche Verbindung zwischen Pferdemaul und Reiterhand. Das Pferd läuft „in Anlehnung". Diese Zügelführung wird in Arbeitsphasen gefordert.

Am hingegebenen Zügel ist dem Pferd die maximale Streckung des Halses erlaubt, ohne dass eine Verbindung zur Reiterhand besteht. Dies empfiehlt

Hoher Zügel zäumt, tiefer Zügel bäumt, langer Zügel zieht

sich aber nur für erfahrene Reiter, die mit einem Handgriff die Zügel aufnehmen können, falls das erforderlich ist.

Am langen Zügel reitet man zu Beginn und am Ende einer Stunde, aber auch auf langen Geländeritten. Dies entspricht der freien Kopf- und Halshaltung des Pferdes in der jeweiligen Gangart. Die Hand hält leichten Kontakt zum Pferdemaul.

Auch der durchhängende Zügel entspricht der natürlichen Kopf- und Halshaltung des Pferdes in der entsprechenden Gangart, jedoch ohne Kontakt zum Maul. Er findet sich bei Westernreitern in der Gebrauchshaltung.

Zügel richtig im Griff

Gefühlvoll kann der Reiter den Zügel nur mit aufrecht getragenen Händen annehmen. Trägt er die Hände verdeckt – im sogenannten „Kinderwagenschiebegriff" – blockiert er sich in der Schulter. Die Zügel sollten stets auch korrekt in der Hand liegen: Sie laufen vom Pferdemaul aus zwischen kleinem Finger und Ringfinger in die Handfläche und über den Zeigefinger aus der Hand hinaus. Der Daumen steht aufrecht wie ein kleines Dach auf dem Zügel. Nur so wirkt er (auch ohne Lederstege) wie eine Seilbremse und verhindert, dass das Pferd dem Reiter den Zügel aus der Hand klaut. Wäre dies der Fall, hieße es bei jeder notwendigen Zügelhilfe für den Kapitän sonst „Leinen einholen"!

Stimme und verlängerte Arme

Dem Reiter stehen neben den Gewichts-, Schenkel- und Zügelhilfen auch Möglichkeiten zur Verfügung, um diese Hilfen zu verstärken. Während die Gerte vor allem Anfängern nützliche Dienste leisten kann, gehören Sporen an die Stiefel von Könnern. Die Stimme ist ein häufig vergessenes Hilfsmittel, das jeder immer und überall einsetzen kann.

Stimme

Die Stimme des Reiters ist die am einfachsten einzusetzende Hilfe. Auch wenn Pferde selbst vorwiegend nonverbal kommunizieren, lassen sie sich mit der Stimme gut beeinflussen. Die Kommandos sollten aber kurz und klar sein. Wer dem Pferd während der Reitstunde seine Lebensgeschichte erzählt oder in ausführlichen Monologen begründet, weshalb er sofort seine Mitarbeit erwartet, hat kaum Aussicht auf Erfolg. Pferde, denen regelmäßig „das Ohr abgequatscht" wird, stumpfen dadurch ebenso ab wie durch ständig klopfende Schenkel.

Stimmhilfen können aufmunternd und treibend wirken. Dazu kann der Reiter auch mal mit der Zunge schnalzen oder mit hellen, kurzen Lauten motivieren. Eine tiefe Stimmlage mit lang gezogenen Tönen wie „Hoooh" wirkt beruhigend und verwahrend. Ein tiefes, lang gezogenes „Braaav" motiviert ebenso wie ein Leckerli. Ein kurz und scharf ausgesprochenes „Nein" dagegen signalisiert dem Pferd: Es reicht! Es ist gut, bestimmte Stimmkommandos beim Pferd zu verankern. Auch hier gilt: „Der Ton macht die Musik!" Er kann Vertrauen schaffen oder verängstigen.

Ein Lob mit der Hand zwischendurch motiviert Pferde. Die Tiere haben feine Sensoren auf der Haut, die landende Mücken aufspüren, und genießen es deshalb auch, sanft gestreichelt zu werden. Kräftiges Draufklatschen ist unnötig.

Gerte

Die Gerte ist der verlängerte Arm des Reiters und dient zur Unterstützung von treibenden Schenkel- und Gewichtshilfen, falls das Pferd nur unwillig vorwärts oder seitwärts tritt. Kindern kann die Gerte das Treiben erleichtern, da sie oft aufgrund ihrer noch kurzen Beine Probleme haben, mit den

Die Gerte als verlängerter Arm

Dressurgerten sind lang (ca. 120 cm), dünn und mit einem kurzen, locker baumelnden „Schlag" ausgestattet. Je weicher die Gerte ist, umso unpräziser ist die Einwirkung. Solche „Schlabber-Gerten" können auch unkontrolliert gegen die Flanken wippen.
Eine Springgerte ist zur Vermeidung von Verletzungen im Fall eines Sturzes nur etwa halb so lang und hat eine Lederklatsche an ihrem Ende.
Kinder werden gerne mit putzigen Stummelgerten in die Reitstunde geschickt. Was auf den ersten Blick so kindgerecht aussieht, ist es aber nicht. Die Kleinen können damit nicht auf das Pferd einwirken, ohne den Zügel aus der Gertenhand zu geben. Andernfalls würden sie dem Pferd unkontrolliert im Maul reißen. Je kleiner ein Kind ist, desto länger sollte deshalb die Gerte sein. So kann sie ohne großen Aufwand hinter dem Schenkel zum Einsatz kommen.

Schenkelhilfen durchzukommen. Der Gerteneinsatz erfolgt zum gleichen Zeitpunkt wie die Schenkelhilfe, dann, wenn das innere Hinterbein abfußt. Die Gerte wird in der Bahn auf der Innenseite getragen. Bei Bedarf wird sie auf die Seite gewechselt, auf der ihr Einsatz gefragt ist.

Der beste Touchierpunkt ist direkt hinter dem Unterschenkel. Bei Berührung an der Flanke oder hinter dem Sattel reagiert das Pferd mit Hochziehen der Kruppe, nicht aber mit einem verstärkten Untertreten der Hinterhand. Die Gerte kann auch an der Schulter eingesetzt werden, um seitwärtstreibende Hilfen zu unterstützen oder ein Über-die-Schulter-Laufen zu vermeiden. Die kurze Springgerte wird ausschließlich an der Schulter eingesetzt, um ein Ausbrechen der Schulter vor dem Sprung zu verhindern und den Absprung zu signalisieren.

Normalerweise wird die Gerte aus dem Handgelenk heraus bewegt. Bei einem aufwändigeren Einsatz müssen die Zügel vorher in die andere Hand genommen werden, um ein Reißen im Maul zu vermeiden.

Schlaufen am Griff sind gefährlich und auch überflüssig. Erschrickt ein Pferd und schießt los, muss der Reiter eine Gerte auch mal schnell loslassen können. Deshalb weg damit!

Sporen

Die teils kurz und dezent, teils martialisch aussehenden Sporen sind durchaus kein szenespezifischer Schuhschmuck, sondern sie sollen in erster Linie feinere Schenkelhilfen ermöglichen. Leider werden sie aber oft genug missbraucht!

Fein heißt aber auch, dass Sporen nur etwas an Reiterbeinen zu suchen haben, die ruhig und kontrolliert am Pferdebauch liegen. Bei mangelnder Gehfreude sollte der Reiter ruhig mal in sich gehen und prüfen, ob er nicht selbst der Grund ist. Reiter, die sich passiv auf dem Pferd umherschleppen lassen und Schenkelhilfen lasch oder gar nicht geben, können kaum ein freudig vorwärtslaufendes Pferd erwarten. Hier helfen weder Sporen noch Gerte.

Treibende Hilfen haben ihren Ursprung im Reiterkopf. Die dort vorhandene Motivation und der Spaß an der Arbeit übertragen sich meist auf das Pferd.

Sporen sind nur für fortgeschrittene Reiter, die ihre Beine unter Kontrolle haben. Die Hilfsmittel gibt es je nach Reitweise in Ausführungen von schlicht bis kunstvoll gearbeitet.

Reiten im Schritt

Was der Anfängers leicht findet, ist für Dressurreiter eine echte Herausforderung – der Schritt. Während der Reitschüler die sanft schaukelnden Bewegungen eher genießt, fürchten Profis die langsamste Gangart des Pferdes. Nirgendwo haben fehlerhafte Reiterhilfen nämlich mehr sichtbare Folgen für Takt, Tempo, Haltung und Ausdruck als im Schritt.

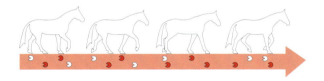

Im Schritt fußt das Pferd gleichmäßig im Viertakt ab und wieder auf: zuerst das Hinterbein, danach das Vorderbein einer Seite, danach in gleicher Reihenfolge die Beine der anderen Seite. Es berühren jeweils zwei oder drei Beine gleichzeitig den Boden.

Da dem Schritt eine Schwebephase wie den gesprungenen Gangarten Trab und Galopp fehlt, wirft er den Reiter nicht und ist sehr bequem. Der Reiter spürt die Bewegung in ruhigen Wellen durch das ganze Pferd fließen. In freier Wildbahn sucht das Pferd im Schritt Futter und bewegt sich langsam grasend vorwärts.

Schritt reitet man vor allem zu Beginn und am Ende einer Reitstunde am langen Zügel, um das Pferd aufzuwärmen oder langsam verschnaufen zu lassen. Auch während der Reitstunde dient der Schritt den Entspannungsphasen zwischendurch oder zum Reiten verschiedener Lektionen. Im Gelände ist der Schritt die hauptsächlich gerittene Gangart, vor allem auf längeren Ritten.

Im Schritt werden körperliche Mängel und Unwohlsein des Pferdes am leichtesten sichtbar. Ein entspanntes Gesicht und ein ruhig pendelnder Schweif zeigen, dass alles in Ordnung ist.

Schritttempi

Der versammelte Schritt wird in der intensivsten Phase einer Reit- oder Trainingsstunde geritten. Die Schritte wirken, wie das gesamte Pferd, verkürzt. Das Pferd muss dazu gut am Zügel stehen. Die Bewegungen sind erhaben.

Der Mittelschritt ist das Tempo der Arbeitsphase. Das Pferd geht energisch vorwärts, ohne zu eilen. Dabei tritt es gut unter – es „siegelt". Das heißt, es tritt mit der Hinterhand in die Spur des abfußenden Vorderbeines oder darüber hinaus.

Hilfen zum Schritt

Um Anzureiten „spannt der Reiter das Kreuz an" und gibt mit den Unterschenkeln wechselseitig leichte Impulse. Die Hand gibt nach und das Pferd setzt sich mit einer fließenden Rückenbewegung in Gang. Der Pferdebauch berührt durch die seitliche Rumpfbewegung abwechselnd das linke und rechte Reiterbein, abhängig davon, welches Hinterbein abfußt. Läuft das Pferd fleißig vorwärts, erfolgt das Treiben mit dem Schenkel passiv in der Rumpfbewegung. Das Kreuz des Reiters schwingt in der Pferdebewegung mit, er schiebt das Pferd nicht aktiv vorwärts. Die Hände und Unterarme folgen bei konstanter Zügellänge der leichten Nickbewegung des Pferdekopfes.

Ein guter Schritt soll fleißig sein. Die Hinterbeine treten gut unter, das heißt, sie treten deutlich über den Abdruck des Vorderbeines nach vorne. Im Genick gibt das Pferd nach, es trägt den Kopf in der Senkrechten. Schlurft das Pferde müde oder lustlos vor sich hin, muntert der Reiter es durch Treiben mit Kreuz, Schenkel und einem kurzen Impuls mit der Gerte auf. Ständiges Klopfen mit den Schenkeln am Bauch stumpft ein Pferd ab. Beim Reitanfänger kann dieser Fehler auch dazu führen, dass er bei ausbleibendem Erfolg anfängt, die Fersen hochzuziehen. Ist das Pferde im Schritt dagegen zu eilig, bremst man es durch halbe Paraden.

Fehler im Schritt erkennen und abstellen

Fehler ...	... Ursache erkennen ...	... und abstellen
Passgang Die Vorderbeine fußen zu schnell nach den Hinterbeinen ab. Es kommt zu einer Verschiebung zum lateralbetonten Zweitakt. Der Reiter spürt ein Wippen.	Starke Passveranlagung (bei Gangpferden und häufiger bei Dressurpferden), zu viel Zügeleinwirkung, innere Unruhe	Zügel verlängern und Pferd strecken lassen. Zum Lösen den Trab wählen. Ruhiger reiten.
Zackeln Die Hinterbeine fußen zu schnell nach den gegenüberliegenden Vorderbeinen ab. Es kommt zu einer Verschiebung zum diagonalbetonten Zweitakt Richtung Trab.	Zu viel Treiben, zu viel Zügeleinwirkung bei starkem Vorwärtsdrang des Pferdes, Pferde mit viel Temperament und Energie	Lösen im flotten Trab oder Galopp, um „Dampf" abzulassen. Vorsichtig treiben und in korrekter Anlehnung reiten.
Zügellahm Die Hinterbeine treten ungleich.	Zu viel Zügeleinwirkung	Mit langem Zügel reiten, Bodenarbeit und Gymnastizierung an der Longe.
Eilen Schnelle, hastige, verkürzte Schritte im Takt	Kommt bei hektischen und unsicheren Pferden vor.	Ruhig und gelassen sitzen, Ruhe auf das Pferd ausstrahlen und langsamer reiten
Schleppender Schritt Energielose, schleifende Schritte	Oft bei bahnmüden, faulen Pferden und passiven Reitern	Energisch treiben, flottere Gangart, öfter ins Gelände

Reiten im Trab

Im Trab darf der Reitschüler zum ersten Mal seine Sattelfestigkeit beweisen. Während sich die Gangart für den Anfänger zunächst recht wackelig anfühlt, kann der fortgeschrittene Reiter im Trab beeindruckende Lektionen reiten. Seitengänge wie Traversalen oder der versammelt gerittene Trab bei Passage und Piaffe lassen auch beim Zuschauen das Herz höher schlagen. Die Tempobreite reicht vom „Tanz auf der Stelle" bis zum starken Trab.

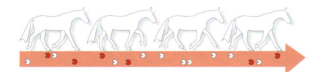

Der Trab ist ein gelaufener Zweitakt mit Schwebephase. Die diagonalen Beinpaare fußen abwechselnd ab. Dazwischen liegt eine Schwebephase, in der kein Fuß Bodenkontakt hat. Eigentlich ist der Trab eine Gangart im mittleren Tempo. Ein guter Dressurreiter kann das Tempo jedoch von der Piaffe mit kaum sichtbarer Vorwärtsbewegung bis zum starken Trab, der Galopptempo erreichen kann, variieren. In der Natur läuft das Pferd im Trab, um längere Strecken ohne Eile zurückzulegen. Im Trab imponieren auch männliche Pferde ihren Artgenossen.

Durch die Schwebephase und das gleichzeitige Auffußen zweier Beine empfindet vor allem der Anfänger den Trab als holprig und unbequem. Schließlich wird man bei jedem Schritt ein wenig aus dem Sattel geworfen. Hier heißt es locker bleiben und die Stöße nicht noch durch eine verspannte Rückenmuskulatur zu verstärken. Dann

Beim Leichttraben reicht es völlig, das Gesäß nur leicht aus dem Sattel zu heben. Aktives Aufstehen weit aus dem Sattel heraus stört das Pferd im Takt und ist anstrengend für den Reiter.

Fehler im Trab erkennen und abstellen

Fehler ...	... Ursache erkennen ...	... und abstellen
Eilen Kurze und hastige Bewegungen, ...	... bei denen der Takt verloren geht.	Tempo verringern und das Pferd dabei vorsichtig an den Zügel treiben. Das Pferd auf gebogenen Linien verlangsamen.
Schleppender Trab Energielose, „schlurfende" Bewegungen	Pferde mit mangelndem Gehwillen und geringem Temperament. Die Schwebephase ist wenig ausgeprägt.	Energisch vorwärts und Tempovariationen reiten. Den Gehwillen durch Ausritte in der Gruppe fördern.
Schmieden Die Eisen klappern. Die Hinterhand tritt in die Vordereisen, weil eine deutliche Schwebephase fehlt.	Das Pferd ist müde oder hat Gleichgewichtsprobleme.	Energischer reiten und Beschlag korrigieren.

wird nämlich auch das Pferd den Rücken verspannen und ein lockerer Sitz ist nicht mehr möglich.

Lässt der Reitschüler sich auch in der leichten Vorwärtsbewegung mitnehmen, lernt er schnell, geschmeidig der Trabbewegung zu folgen. Vor allem am Anfang sollte die Konzentration immer wieder auf die Atmung gelenkt werden. Ist der Reitschüler stark konzentriert, hält er oft die Luft an und verspannt sich. Hier gilt es, tief auszuatmen. Das lockert die Muskulatur vor allem im Gesäß.

Im Trab wärmt man das Pferd zu Beginn einer Reitstunde auf, um es auf die Arbeit vorzubereiten. Dazu wird leichtgetrabt. Auch zwischendurch lockert man die Pferdemuskeln im Trab und lässt das Pferd sich strecken.

Im Gelände wird man in der Regel leichttraben. Beim Leichttraben entlastet der Reiter den Pferderücken. Er lässt sich dazu im Takt leicht aus dem Sattel heben, ohne aktiv mitzuwirken. In der Bahn erfolgt dies immer, wenn das innere Hinterbein abfußt. Wer es nicht spürt, orientiert sich an der äußeren Schulter, die sich zeitgleich nach vorne bewegt. Der Oberkörper bleibt aufrecht, der Bauch schiebt sich im Takt nach vorne.

Um aus der Entlastung für das Pferd keine einseitige Belastung zu machen, sollte der Reiter auf langen, geraden Trabstrecken immer wieder den „Fuß wechseln". Hierzu sitzt er einen Schritt aus, das heißt, er bleibt einmal sitzen, wo er eigentlich im Sattel aufstehen müsste.

Trabtempi

Den versammelten Trab reiten fortgeschrittene Reiter und Profis in der intensivsten Phase einer Reit- oder Trainingsstunde. Die Schritte wirken (wie das gesamte Pferd) verkürzt. Die Bewegungen sind erhaben. Den höchsten Versammlungsgrad erreicht das Pferd bei der Passage (ein Trab mit stark verzögerten Schritten) und in der Piaffe (hier trabt das Pferd nahezu auf der Stelle).

Im Arbeitstrab wird das Pferd im ruhigen, gleichmäßigen Tempo bei geringem Kraftaufwand gelöst. Das Tempo ist dann richtig, wenn man noch eine Volte reiten kann.

Im Mitteltrab wirkt das Pferd wie in einem erweiterten Rahmen. Die Hinterhand schiebt kräftig an, die Vorhand greift weit aus. Es zeigt bei gleichbleibendem Takt eine akzentuierte Sprungphase, die sogenannte Kadenz.

Der starke Trab hat für den Reiter kaum eine Bedeutung, denn er ist wirklich unbequem bzw. eigentlich gar nicht mehr zu sitzen. Dann lieber galoppieren! Starken Trab oder Renntrab gehen Trabrennpferde vor dem Sulky.

Hilfen zum Trab

Der Reiter trabt meist aus dem Schritt an. Das Pferd wird durch eine halbe Parade auf die neue Aufgabe aufmerksam gemacht. Der Reiter spannt das Kreuz an und treibt mit den Schenkeln am Gurt, die Hand gibt nach.

Reiten im Galopp

Ein spannungsvolles Kribbeln haben Reitanfänger im Bauch, wenn sie an den Galopp denken. Doch wer die Angst überwunden hat und erst einmal im schnellen Tempo dieser flotten, aber bequemen Gangart im Gelände unterwegs war, wird den schaukelnden Dreitakt bald zu seiner Lieblingsfortbewegung erklären. Doch auch im Springparcours, beim Jagdreiten, Polo oder Voltigieren ist der Galopp die Gangart Nummer eins.

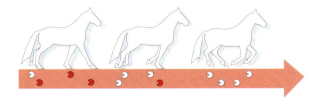
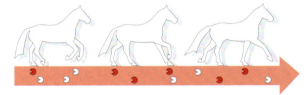

Im Galopp springt das Pferd einen Dreitakt, den man (je nachdem, welches Vorderbein weiter ausgreift) in Rechts- und Linksgalopp unterscheidet.

Welcher Galopp korrekt ist, entscheidet in der Bahn die Hand, auf der man reitet. Im Uhrzeigersinn auf der „rechten Hand" ist Rechtsgalopp angesagt, auf der „linken Hand", gegen den Uhrzeigersinn geritten, wählt man den Linksgalopp.

Nicht immer gelingt es, auf der richtigen Hand anzugaloppieren. Manche Pferde wählen auch eigenmächtig ihren „Lieblingsgalopp". Dann heißt es durchparieren und neu versuchen, am besten aus der nächsten Ecke heraus. Erst in höheren Klassen ist der „Außengalopp" Teil von Dressurprüfungen.

Galopp reitet man in der Lösephase einer Trainingsstunde, sobald das Pferd warm ist. Außerdem kann ein Pferd mit viel überschüssiger Energie im Galopp auch mal Dampf ablassen.

Galopptempi

Den versammelten Galopp reiten fortgeschrittene Reiter in verschiedenen Lektionen. Das Pferd springt in einem sichtbar verkürzten Rahmen und mit erhabenen Bewegungen in langsamem Tempo.

Der Arbeitsgalopp ist geregelt und taktklar. Das Tempo ist regulierbar und Volten sind fortgeschrittenen Reitern leicht möglich. Das Pferd springt in runden Bewegungen gut „bergauf".

Im Mittelgalopp zeigt das Pferd bei gleichbleibendem Takt deutlich schwungvollere und raumgreifendere Bewegungen. Die Hinterhand tritt stärker unter und der Rahmen des Pferdes erweitert sich erkennbar.

Im starken Galopp und im Renngalopp steigert das Pferd deutlich sein Tempo und erweitert noch einmal sichtlich den Rahmen: Es wird „flacher" und „länger".

Bei Spring- und Vielseitigkeitspferden wünschen sich Reiter eine gute Galoppade. Das heißt, das Pferd soll mit raumgreifenden Bewegungen vorwärtslaufen, sich aber gut und im Gleichgewicht zurücknehmen lassen.

Fortgeschrittene reiten im Galopp anspruchsvolle Lektionen wie fliegende Wechsel, Seitengänge oder gar Pirouetten.

Hilfen zum Galopp

Zum Angaloppieren gibt der Reiter eine halbe Parade. Das Pferd wird leicht nach innen gestellt, sodass der Reiter das innere Auge und den Nüsternrand sehen kann.

Der innere Schenkel treibt nun energisch am Gurt, während das äußere Bein aus der Hüfte heraus eine Handbreit verwahrend hinter den Gurt gelegt wird. So weicht das Pferd dem treibenden inneren Schenkel nicht nach außen aus, sondern springt nach vorne an. Dazu muss auch die innere Hand weich nachgeben und dem Pferd die innere Schulter zum Angaloppieren auf der richtigen Hand freigeben. Durch die korrekte Haltung der Beine wirkt der Reiter automatisch verstärkt über den inneren Gesäßknochen mit seinem Gewicht

richtig auf das Pferd ein. Das Pferd springt an, und nun heißt es genießen … Das innere Bein treibt dabei weiter und der Reiter folgt entspannt mit dem Becken der schaukelnden Pferdebewegung.

Gerade Schulpferde mogeln gerne und lassen sich durch eine zu zaghafte oder unkorrekte Galopphilfe lieber in einen hektischen Trab hineinjagen. Aus diesem heraus gelingt es kaum noch, richtig anzugaloppieren. Da hilft nur: Tempo drosseln und an einer geeigneten Stelle energisch (mit einem Gertenklaps) erneut anzugaloppieren.

Der leichte Sitz

Im Gelände oder im Springparcours reitet man den Galopp im leichten Sitz. Die Steigbügel werden um einige Löcher gekürzt. Der Reiter hebt seinen Po ein wenig nach hinten aus dem Sattel und neigt den Oberkörper leicht nach vorne. Das Reitergewicht liegt jetzt hauptsächlich auf den Steigbügeln. Die Knie und Oberschenkel stabilisieren den Reiter, ohne zu klemmen. An der Mähne festhalten ist durchaus erlaubt. Auch hier treibt der innere Schenkel, während der äußere Schenkel verwahrt. So kann das Pferd mit einem entlasteten Rücken locker springen und der Reiter fühlt kaum Erschütterungen.

Fehler im Galopp erkennen und abstellen

Fehler …	… Ursache erkennen …	… und abstellen
Außengalopp Das äußere Vorderbein greift weiter vor, …	… weil das Pferd für den Galopp auf der richtigen Hand schlecht vorbereitet wurde (fehlende Parade und Stellung, zu hohes Tempo), eine ungünstige Stelle gewählt wurde oder das Pferd einseitig und steif ist.	Tempo verringern und das Pferd dabei vorsichtig an den Zügel treiben. Das Pferd auf gebogenen Linien verlangsamen.
Kreuzgalopp Das Pferd galoppiert auf der Vorhand im Linksgalopp, auf der Hinterhand im Rechtsgalopp und umgekehrt.	Der Reiter fühlt statt einer fließenden Schaukelbewegung bei jedem Sprung ein unbequemes Rucken.	Energisch vorwärts und Tempovariationen reiten. Den Gehwillen durch Ausritte in der Gruppe fördern.
Vierschlaggalopp Die diagonale Sprungphase wird in zwei Schritte aufgelöst: Das Hinterbein fußt kurz vor dem Vorderbein auf.	Der Reiter hört einen Viertakt. Der Galopp fühlt sich bequem und wenig gesprungen an.	Energischer reiten und Beschlag korrigieren.

Reiten im Tölt und Pass

Über Jahrhunderte geritten und ebenso lange vergessen, schwören viele Reiter heute wieder auf das sanfte Vorwärtskommen im Tölt. In der Blüte der Klassischen Reiterei geriet die weitverbreitete Gangart in Vergessenheit und wurde auf dem europäischen Kontinent züchterisch ausgemerzt. Viele Pferde des amerikanischen Kontinents – alles Nachkommen töltender Pferde der spanischen Eroberer –, aber auch das Islandpferd tragen die Gangveranlagung zu Tölt und Pass.

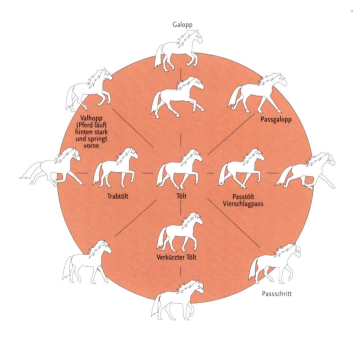

Tölt

Der Tölt ist ein gleichmäßiger Viertakt mit derselben Fußfolge wie der Schritt. Allerdings haben nur noch jeweils ein oder zwei Beine Bodenkontakt. Diagonale und laterale Zweibeinstützen wechseln sich ab. Der Reiter scheint mit dem Pferd erschütterungsfrei über den Boden zu schweben. Tölt kann vom langsamen Arbeitstempo bis ins hohe Galopptempo geritten werden, ohne dass es für den Reiter unbequem wird.

Nur wenige Pferde gehen von Natur aus taktklaren Viertakt-Tölt. Die meisten zeigen individuelle oder rassetypische Verschiebungen in Richtung Trab und Pass oder aber Galopp. Die Gangveranlagung eines Pferdes erkennt man häufig auch an der Qualität des Galopps, der dann zum Vierschlag hin verschoben und gelaufen statt gesprungen ist.

Der Tölt und seine Verwandten sind in den Herkunftsländern der Gangpferderassen erste Wahl für die Reiter, um im flotten Tempo längere Strecken zurückzulegen. Dabei läuft er in einer fließenden Bewegung durch das ganze Pferd – typisch dabei die wellenfömige Bewegung des Schweifes. Um Tölt richtig zu reiten, braucht ein Reiter viel Ge-

Ein feines Gespür für den Takt braucht der Reiter beim Töltreiten. Gangpferde variieren je nach Veranlagung gerne mal Richtung Pass, Trab oder Galopp. Da heißt es, rechtzeitig mit den richtigen, individuellen Hilfen zu reagieren.

fühl im Hintern und eine feine Hand. Eine gute Grundausbildung in den drei Grundgangarten sollte ersten Schnupperstunden im Töltreiten immer vorausgehen.

Tölttempi

Arbeitstempo Tölt fordert die Tragkraft der Hinterhand und damit auch eine hohe Versammlungsfähigkeit des Pferdes. Bei maximal 200 Metern pro Minute tritt das Pferd bei stolzer, aufrechter Haltung gut unter den Schwerpunkt.

Im **Mitteltempo Tölt** ist das Tempo höher und der Rahmen des Pferdes weiter. Die Bewegung fließt durch das ganze Pferd und die Aktion der Vorhand wird aus der Schulter heraus höher.

Das **starke Tempo Tölt** ist die Krönung der Töltreiterei (Achtung, unkontrollierbare Glücksgefühle!). Die Pferde werden so über kürzere Distanzen geritten. Das Tempo erreicht Galoppgeschwindigkeit. Das Pferd hat eine geringere Aufrichtung und trägt den Kopf frei bei guter Anlehnung. Die Bewegungen der Vorhand werden hoch und weit.

Hilfen zum Tölt

So vielfältig wie die Gangveranlagungen der Pferde, so verschieden sind „die Tölthilfen". Richtig gelesen: Die Standard-Tölthilfe gibt es nämlich nicht.

Trabbetonte Pferde bereitet man durch versammelnde Übungen auf den Tölt vor und treibt mit Kreuz und Schenkel gegen einen erst anstehenden, später nachgebenden Zügel.

„Naturtölter" werden bei einer Aufforderung, die der Trabhilfe gleichkommt (Kreuz anspannen, Impuls mit den Schenkeln, nachgebende Hand) den Tölt finden.

Pferde mit starker Passveranlagung benötigen oft sogar eine leichte Entlastung des Rückens, um den Takt im Tölt zu finden.

Töltet das Pferd, geht das Becken des Reiters bei leichter Anspannung des Kreuzes locker in der Bewegung des Pferderückens mit. Die Schenkel treiben mit Impulsen die Hinterhand heran. Droht das Pferd auseinanderzufallen (dann kommt Trab oder Galopp über die sogenannte „Rolle"), wirkt der Reiter mit halben Paraden dagegen. Jetzt heißt es: Takt und Tempo souverän beherrschen.

Rennpass

Richtigen Rennpass gehen lediglich Islandpferde und amerikanische Passer.

Der Rennpass ist ein zum Viertakt verschobener Zweitakt mit einer Schwebephase, bei dem sich die Beinpaare einer Seite nach vorne bewegen. Die Hinterbeine fußen Sekundenbruchteile vor den Vorderbeinen auf.

Rennpass wird nur in speziellen Wettbewerben geritten und die Pferde aus dem Galopp in den Pass „gelegt".

Zum Passreiten müssen Reiter und Pferd weit ausgebildet sein, denn er stellt vor allem an das Pferd hohe körperliche und geistige Anforderungen. „Freizeitspaß im Schweinepass", die langsame und als fehlerhaft geltende Passvariante, ist dagegen verpönt.

Viertaktvarianten mit klangvollen Namen

Im Turniersport für Gangpferde ist in Prüfungen für gemischte Rassen der taktklare Tölt das Maß aller Dinge. Die verschiedenen Gangpferde zeigen aber auch individuelle, rassetypische Taktverschiebungen in Richtung Trab oder Pass oder entsprechende Gangverschiebungen aus dem Schritt mit Zwei- und Dreibeinstütze. Töltvarianten sind beispielsweise Paso Llano, Sobreandando, Fino, Trocha, Trote, Marcha Picada, Marcha Batida, Flat Foot Walk, Running Walk, Rack, Foxtrott, ... Für sie gibt es spezielle Prüfungen, in der die Richter den Takt sogar blind, nur nach Gehör, auf dem sogenannten Fino Strip bewerten.

Wissen, wo's langgeht

Die Gesetze der Reitbahn sind auf allen Reit- und Turnierplätzen der Welt gleich. Sie regeln das Miteinander von Reitern und Pferden auf engem Raum und sollen dabei Behinderungen und Zusammenstöße vermeiden. Wem die Regeln wie die Straßenverkehrsordnung in Fleisch und Blut übergegangen sind, der kann auch im größten Getümmel stressfrei reiten.

Bahnregeln gelten immer und überall da, wo mehr als ein Pferd unterwegs ist. Sie erleichtern neben Vorsicht und Rücksicht die gemeinsame Arbeit mit Pferden. Doch auch hier gilt es, nicht auf sein Recht zu beharren, sondern vorausschauend zu reiten und auch mal rechtzeitig den Weg frei zu machen. Die Bahnregeln dienen der Sicherheit aller in der Halle oder auf dem Reitplatz! Aus diesem Grund sollte auch nicht zwischen anderen Pferden longiert werden. Pferde, die nicht geritten werden dürfen, kann man auch auf einem Spaziergang bewegen, wenn andere reiten möchten. Und auch wälzen lassen sollte man sein Pferd nur dann auf dem Reitplatz, wenn kein anderer Reiter gestört wird.

Die erste Hürde auf dem Weg in die (bevölkerte) Reitbahn ist das Tor. Meist geht es nach innen auf, damit kein Pferd selbstständig ausbüxen kann, und blockiert deshalb beim Öffnen den ersten Hufschlag. Jetzt heißt es, sein Kommen bei den Mitreitern anzumelden: Mit „Tür frei!" kündigt man sich an. Nach der Antwort „Tür ist frei!" betritt man zügig mit seinem Pferd die Halle.

Sicher auf dem heimischen Reitplatz eingeübte Bahnregeln werfen einen Reiter auch im Getümmel eines Abreiteplatzes auf dem Turnier nicht aus der Bahn.

So schätzt man den Abstand richtig ein

Eine Pferdelänge Abstand zum Vorderpferd hat ein Reiter dann, wenn er zwischen den Ohren seines Pferdes durchblickt und die Hufeisen oder die Hufsohle des vorauslaufenden Pferdes sieht. In schnelleren Gangarten ist der Bremsweg länger, ein Sicherheitszuschlag allemal sinnvoll. Schlagende Pferde werden stets mit einem roten Schleifchen im Schweif gekennzeichnet. Von ihnen hält man sich besser fern. Sie sollten stets am Ende einer Abteilung gehen. Der seitliche Abstand beim Überholen oder Gegenverkehr beträgt etwa zwei Pferdebreiten, damit die innen getragene Gerte das Pferd nicht streift.

Vor der Reitstunde stellen sich alle Reitschüler auf der Mittellinie in gleicher Blickrichtung auf, gurten nach und stellen wo nötig noch die Bügel ein. Hier wird auch aufgestiegen. Der einzelne Reiter sucht sich ebenfalls einen Punkt auf der Mittellinie, nicht jedoch bei X in der Bahnmitte oder auf den anderen Zirkelpunkten, um Mitreiter nicht zu behindern. Überhaupt sollte man zügig aufsteigen und die nötigen „Wartungsarbeiten" schon vor der Halle oder Bahn erledigen.

Reiten auf Händen

Geritten wird auf Händen – nicht auf dem Hintern. Und Reiter geben sogar der linken Hand stets den Vorrang. Das heißt, die linke Hand des Reiters zeigt zur Bahnmitte. Er bewegt sich mit dem Pferd gegen den Uhrzeigersinn und darf bei Gegenverkehr seine Spur auf dem ersten Hufschlag ganz an der Bande behalten. Reiter auf der rechten Hand sind dagegen im Uhrzeigersinn unterwegs und weichen auf den zweiten Hufschlag, etwa zwei Pferdebreiten nach innen, aus. Auch Reiter im Schritt weichen schnelleren auf den zweiten oder dritten Hufschlag aus. Dabei sollen auch die Zirkel für flotte Mitreiter frei bleiben und langsame Reiter sich auf den zweiten Hufschlag des Zirkels zurückziehen.

Beim Reiten gilt: mindestens eine Pferdelänge Abstand halten, in schnelleren Gangarten mehr.

So bleibt ausreichend Bremsweg, wenn das vordere Pferd unerwartet stoppt.

Bei Reitstunden auf Ovalbahnen wird üblicherweise am äußeren Rand geritten. Auch hier weicht die rechte Hand der linken Hand in der Bahnmitte oder innen aus. Die Hand wird immer durch eine Wendung nach außen gewechselt.

Rücksicht ist Trumpf

In der Reitbahn ist erzwungene Vorfahrt so wenig angesagt wie im Straßenverkehr. Wird es doch mal eng, sind gerade Anfänger schnell damit überfordert, ihr eigenes Pferd kontrolliert zu reiten, auf viele andere Reiter zu achten und deren Weg vorauszuahnen. Jetzt heißt es für die Cracks um der Reiter und Pferde Gesundheit willen auf unsichere Mitreiter Rücksicht zu nehmen. Der klügere – und in diesem Fall der erfahrenere Reiter – gibt nach und weicht im Zweifelsfall aus.

Ein Reitplatz oder die Halle ist zwar kein Ort der absoluten Stille, doch sollten laute Unterhaltungen, Gekicher und Geschrei aus Rücksicht auf Mitreiter, die konzentriert mit ihrem Pferd arbeiten wollen, bitte unterbleiben oder wenigstens an den Putzplatz verlegt werden.

Auch lautstarke Kommentare, Gefuchtel und Hin-und-her-Gerenne besserwissender Zuschauer an der Bande stören Reit- und Trainingsstunden.

Die Hufschlagfiguren

Mit den verschiedenen Hufschlagfiguren kann der Reiter Sitz und Einwirkung verfeinern und das Pferd gymnastizieren. Bei der Vielzahl der verschiedenen Routen darf sich glücklich schätzen, wer den rechten Weg zum Kommando des Reitlehrers findet. Sauber gerittene Hufschlagfiguren helfen Reitern, die Wege der Mitreiter vorauszusehen.

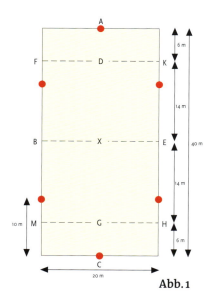

Abb. 1

Der Standardreitplatz misst 20 Meter mal 40 Meter. Dressurplätze mit Turniermaß für schwere Prüfungen sind häufig 20 Meter mal 60 Meter groß. An der Bande sind Bahnpunkte angebracht, die dem Reiter zur Orientierung dienen **(Abb. 1)**. Die Eselsbrücke für die Punkte einer kleinen Bahn lautet: **A**lte **K**ühe **E**ssen **H**eu, **C**älber **M**ögen **B**esseres **F**utter.

Der Reitlehrer verbindet die Kommandos, die er den Schülern gibt, ebenfalls mit Bahnpunkten, so dass alle Reiter wissen, wohin sie reiten sollen.

Die Hufschlagfiguren sollten in der Reitstunde und im auch freien Training stets so exakt wie möglich geritten werden. So herrscht auf dem Reitplatz unter den Mitreitern Klarheit über die gewählten Wege und der gymnastizierende Effekt für das Pferd ist gewährleistet.

„**Ganze Bahn**" **(Abb. 2)** reitet man entlang der Bande auf dem ersten, zweiten oder dritten Hufschlag, jeweils zwei Pferdebreiten nach innen versetzt (je langsamer, desto weiter innen). Beim Kommando „**Halbe Bahn**" **(Abb. 2)** wird entlang der Bande geritten, an den Punkten B oder E zum gegenüberliegenden Bahnpunkt abgezweigt und auf der gleichen Hand weitergeritten.

Handwechsel (Abb. 2) können auf vielerlei Wegen erfolgen: Durch die „**Halbe Bahn wechseln**" und durch die „**Ganze Bahn wechseln**" wird jeweils durch Abwenden nach der zweiten Ecke der kurzen Seite eingeleitet und über die Diagonalen an der Mitte oder dem Bahnpunkt vor der gegenüberliegenden Ecke beendet. Durch die „**Länge der Bahn wechseln**" erfolgt von der Mitte der kurzen Seite bis zur Mitte der gegenüberliegenden kurzen Seite.

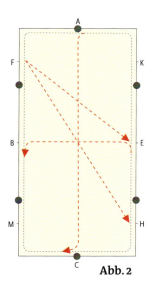

Abb. 2

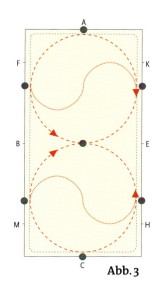

Abb. 3

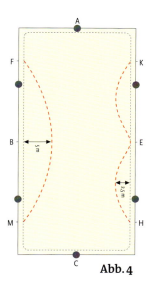

Abb. 4

„**Auf dem Zirkel geritten**" (**Abb. 3**) bietet vielerlei Möglichkeiten, auf gebogenen Linien das Pferd zu gymnastizieren. Die Kreise mit einem Durchmesser der Hälfte der kurzen Seite werden von den Zirkelpunkten eingerahmt. An diesen muss das Pferd jeweils für eine Länge parallel zur Bande stehen. „**Durch den Zirkel gewechselt**" folgt nach dem Zirkelpunkt der langen Seite einer geschwungenen Linie in die Zirkelmitte (hier soll das Pferd eine Länge parallel zur langen Seite stehen), auf der die Hand schließlich gewechselt wird. Einfacher ist „**Aus dem Zirkel gewechselt**". Hier reitet man auf dem einen Zirkel bis X (auch hier soll das Pferd eine Länge parallel zur kurzen Seite stehen) und wechselt dort auf den anderen Zirkel (**Abb. 3**).

Schlangenlinien gibt es in einfachen und komplizierten Varianten: Die „**Einfache Schlangenlinie**" (**Abb. 4**) wird an der langen Seite zwischen K und H bzw. M und F geritten – bei B oder E fünf Meter weit ins Innere der Bahn. Die „**Doppelte Schlangenlinie**" (**Abb. 4**) verläuft zwischen K und H bzw. M und F und dem Bahnmittelpunkt auf zwei gleichmäßigen Bögen, die jeweils 2,5 Meter ins Bahninnere ragen. Werden „**Schlangenlinien in vier Bögen**" (**Abb. 5**) gleichmäßig auf die Bahnlänge verteilt, kommt der Reiter auf der anderen Hand an.

„**Volten**" (**Abb. 6**) reitet man je nach Pferdegröße und gymnastischer Fitness in weiteren oder engeren (6 bis 10 Meter) Radien. Sie kann man an den Bahnpunkten, Zirkelpunkten oder in den Ecken einleiten. Ebenso verfährt man beim Handwechsel „**Aus der Ecke kehrt**" (**Abb. 6**), was am Ende einer langen Seite durch Abwenden auf einem voltengleichen Radius erfolgt.

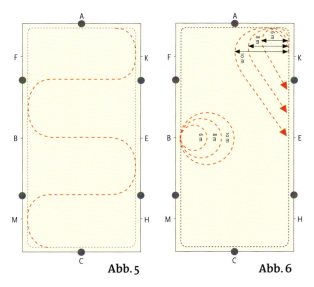

Abb. 5

Abb. 6

So findet man die richtige Spur

Bei Abzweigungen mit 90°-Winkeln (z. B. „Durch die Länge der Bahn wechseln" oder „Schlangenlinien in fünf Bögen") wendet man bereits etwa eine Pferdelänge vor dem Bahnpunkt ab, kommt aber direkt am Bahnpunkt an. Bei Abzweigungen mit 45°-Winkel oder kleiner (z. B. „Durch die ganze/halbe Bahn wechseln") wendet man ab, sobald der Reiter sich auf Höhe des Bahnpunktes befindet. Auf der gegenüberliegenden Seite sollte man etwa eine Pferdelänge vor dem Bahnpunkt die Bande erreichen, damit das Pferd am Punkt wieder parallel zur Bande steht.

Stellung und Biegung

Der Unterschied von Stellung und Biegung ist für den Anfänger nur insofern von Bedeutung, als dass er um die Kurve kommen will. Doch relativ schnell benötigt er die Kenntnisse und das Geschick für lösende Übungen und die Vorbereitung auf die Seitengänge. Biegende Lektionen fordern und fördern das Pferd und helfen, die Einhändigkeit von Pferden zu überwinden und die tragende Muskulatur gleichmäßig auf beiden Seiten zu trainieren.

Pferde sind wie wir Menschen einseitig veranlagt, was wie bei uns Zweibeinern bei schwerer Arbeit zu einseitiger Belastung von Muskeln und Gelenken führt, wenn man das Training nicht ausgeglichen gestaltet und die schwache Seite fördert.

Während wir Menschen eine Hand bevorzugen und ein Lieblingsbein für Sprünge haben, zeigt sich die Einhändigkeit beim Pferd durch die „natürliche Schiefe". Man sieht sie gut, wenn man mal hinter dem Vierbeiner herläuft: Die Hufe beider Körperseiten fußen nicht sauber hintereinander in zwei Spuren, sondern nach der einen oder anderen Seite versetzt in drei Spuren. Die Rückenmuskulatur des Pferdes ist naturgemäß auf einer Seite leicht verkürzt, auf der anderen dafür gedehnt. Werden Pferde auf der „schlechten Seite" nicht gefördert, bekommen sie Verspannungen, die zu Rückenschmerzen und frühem Gelenkverschleiß führen. Sie werden unwillig und unrittig.

Stellung

Mit der Stellung wird das Pferd im Genick gelockert. Es wendet seitlich seinen Kopf durch gleichmäßige Biegung der Gelenke zwischen Genick und Schulter. Die Wirbelbrücke zwischen Widerrist und Lende bleibt gerade. Meist wird es dabei „vorwärts-

Flexen ist eine Übung im Stehen, bei der der Hals des Pferdes durch Annehmen eines Zügels stark gedehnt und das Genick gelockert wird. Es muss dazu aber schon aufgewärmt sein, um Zerrungen zu vermeiden. Das Pferd darf nicht durch Wegtreten ausweichen.

Ein kleiner Pylonenparcours hilft mit optischen Anreizen beim Reiten korrekter Biegungen. Schon im Schritt ist es gar nicht so einfach, das Pferd rechtzeitig und sanft auf die andere Seite umzustellen.

abwärts" den Kontakt zum Zügel suchen und kauen. Diese Haltung wirkt entspannend auf die Rückenmuskulatur, aber auch auf den Geist.

Für die Stellung bleibt der Reiter gerade im Vollsitz und nimmt die Zügel einer Seite nur so weit auf, dass er den Schimmer des Augapfels und den äußeren Nüsternrand sehen kann. Der andere Zügel gibt dabei um dieselbe Länge nach, ohne die Anlehnung aufzugeben. Fehlt das Nachgeben oder ist es nicht ausreichend, muss sich das Pferd im Genick verwerfen. Es wird das Maul nach außen drehen und den Kopf schief halten. Man sieht es an den Ohren auf unterschiedlicher Höhe.

Egal, auf welcher Hand Reiter und Pferd sich bewegen, ist die Seite, nach der das Pferd gestellt ist, nun „innen", die andere „außen". Fehlerhaft ist der Versuch, das Pferd stärker zu stellen: Das führt meist dazu, dass es über die äußere Schulter wegläuft und der Takt unrein wird.

Ändert man die Stellung, soll das Pferd für ein bis zwei Längen geradeaus gestellt werden, um sich neu zu sortieren.

Biegung

Bei der Biegung ist die gesamte Längsachse entsprechend der Beweglichkeit der einzelnen Gelenke zwischen Genick und Schweifwurzel gebogen. Jetzt muss der Reiter beweisen, dass er den Drehsitz beherrscht und die diagonalen Hilfen gut aufeinander abstimmen kann: Schulter und Becken von Reiter und Pferd sind parallel, sodass der innere Gesäßknochen verstärkt zusammen mit dem inneren Schenkel am Gurt das innere Hinterbein zum Untertreten veranlasst. Der äußere Schenkel liegt in verwahrender Position eine Handbreit hinter dem Gurt und verhindert ein Ausfallen der Hinterhand. Die Zügelhilfen erfolgen wie bei der Stellung – innen nimmt weich an, außen gibt nach, ohne die Anlehnung aufzugeben. Der äußere Zügel begrenzt auch die Schulter.

Bei der Stellung wird das Pferd sozusagen um den Finger gewickelt, bei der Biegung um den Schenkel.

Sauber um die Ecke reiten

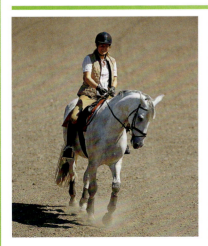

Kann der Reiter die korrekten Hilfen für Stellung und Biegung einsetzen, ist er sauber auf gebogenen Linien unterwegs und kommt gut durch die Ecken. Das Pferd soll durch vermehrtes Stützen des Hinterbeins Körperlast aufnehmen. Vorderbeine und Hinterbeine beider Seiten sollen sich auf einer Linie befinden. Das ist gar nicht einfach und auf der sechsstufigen Ausbildungsskala des Pferdes immerhin an fünfter Stelle!

Die Wendung wird vor der Ecke durch eine halbe Parade eingeleitet und das Pferd nach innen gestellt. Mit Beginn der Ecke oder Kurve gibt der Reiter dem Pferd mit den diagonalen Hilfen die Längsbiegung, die nie stärker als der Kreisbogen sein soll. Dabei schaut er um die Ecke. Auch Volten und Zirkel gelingen schön rund, wenn man seinen Blick auf den Kreismittelpunkt oder den jeweils nächsten Zirkelpunkt fokussiert.

Halbe und ganze Paraden

Viele Begriffe der Reiterei stammen aus dem Militär, auch die der Paraden. Doch mit Kampfkunst haben sie ganz und gar nichts zu tun. Die Paraden dienen der Verständigung und erfordern Gefühl vom Reiter in Händen, Beinen und im Po. Mit Paraden sagt man dem Pferd: „Hallo, wir ändern demnächst das Programm." Sie sind auch das Instrument zum gefühlvollen Bremsen.

Jederzeit „ganz Ohr": Halbe Paraden kündigen eine neue Aufgabe an. So kann das Pferd sich mental darauf vorbereiten. Halbe Paraden dienen außerdem der Temporeduzierung innerhalb einer Gangart oder zum Gangartenwechsel.

Halbe Paraden

Paraden sind eine fein abgestimmte Kombination aus Gewichts-, Schenkel- und Zügelhilfen, mit denen das Pferd kurzfristig stärker eingerahmt und um Aufmerksamkeit für die nächste Aufgabe gebeten wird.

Die Zügelhilfe ist annehmend, jedoch nie durchhaltend, sondern wird stets von einer nachgebenden Zügelhilfe abgelöst. Reagiert das Pferd sofort, wird es ebenso schnell mit nachgebenden Hilfen belohnt. Lässt es sich bitten, wird die halbe Parade notfalls auch mehrmals wiederholt.

Mit halben Paraden leitet man Übergänge von einer Gangart zur nächsten ein. Eine einzelne halbe Parade gibt man, bevor man in eine höhere Gangart wechselt, aber auch, um die Aufmerksamkeit des Pferdes vor einer neuen Aufgabe zu wecken. Mehrere halbe Paraden sind angesagt, wenn das Tempo in einer Gangart eingefangen oder wenn zum Halten durchpariert werden soll. Auch Haltung oder Versammlung verbessert man durch halbe Paraden. Halbe Paraden können einseitig und beidseitig gegeben werden. Werden die halben Paraden wechselseitig gegeben, bleibt der gegenseitige Zügel ruhig stehen. Eine Unsitte – aber auch

So gelingen die Paraden

Anfänger vergessen beim Kommando „Paraden!" gerne die treibenden Hilfen. Schließlich sind Paraden am Anfang meist mit einer Reduzierung des Tempos verbunden.
Wichtig aber: Durch die treibenden Gewichts- und Schenkelhilfen bekommt das Pferd zwar erst mal einen Vorwärtsimpuls. Dadurch tritt es aber an die Hand heran und holt sich die Zügelhilfe (die Handgelenke werden nur leicht eingerollt) ohne großen Reiteraufwand praktisch selbst ab.
Alle Hilfen müssen immer zeitgleich erfolgen, wenn sie wirksam sein sollen.

bei erfolgreichen Reitern häufig zu sehen – ist das Sägen mit dem Gebiss im Pferdemaul, das sogenannte Riegeln.

Achtung! Wer nur einen Sperrriemen braucht, weil er dem Pferd sonst das Gebiss durchs Maul zieht, gibt seine Paraden falsch. Das Pferd hat dann nämlich gelernt zu sperren und sich der schmerzhaften Zügeleinwirkung der harten Reiterhand zu entziehen.

Vor den Paraden müssen die Zügel bereits die richtige Länge haben. Mit einem zu langen Zügel kann man keine feinen Paraden geben, denn der Zügelweg ist dann einfach zu weit. Die Zügel müssten aus der Schulter seitlich am Rumpf weit nach hinten geführt werden. Also rechtzeitig die Zügellänge überprüfen!

Ganze Paraden

Ganze Paraden haben immer das Anhalten zum Ziel. Sie bestehen aus einer Reihe beidseitiger halber Paraden und werden nur auf geraden Linien gegeben. Gut ausgebildete und durchlässige Pferde reagieren darauf schneller, manches Schulpferd braucht dazu eine nachdrücklichere Aufforderung und häufigere Wiederholungen der halben Paraden. Die treibenden Hilfen sind stärker, denn zum Bremsen muss das Pferd den Schwung mit der Hinterhand abfangen und dazu stärker untertreten.

Zügel nachfassen

Sobald der Reitschüler in allen Gangarten einen ausbalancierten, zügelunabhängigen Sitz gefunden hat, kann er Übungen zum Zügel nachfassen machen. Schulpferde ermogeln sich gerne einen längeren Zügel, doch nur mit einer gleichmäßigen, steten Verbindung zum Pferdemaul kommen Zügelhilfen auch wirklich an. Ist der Zügel zu lang, „springt" er, was durchaus unangenehm für das Pferd ist.

Der Zügel wird beim Halten in eine Hand genommen und mit der anderen Hand nachgefasst. Diese übernimmt dann den Zügel, während die Hand auch auf der zweiten Seite auf der gleichen Länge nachfasst. Zur Orientierung dienen die kleinen Lederstege, die die meisten Zügel haben.

Die Übung wird zuerst ohne Kontakt zum Pferdemaul, später mit einer konstanten Verbindung gemacht. Klappt es, übt man das Zügel aufnehmen auch im Schritt, Trab und Galopp.

Wer die Hände korrekt aufrecht hält und an die Zügelbremse durch das Daumendächlein denkt, kann sich erfolgreich gegen den Zügelklau wehren. Aber Achtung: Die Fäuste sind nicht zusammengepresst.

Nur durch die aufrecht getragene Hand kann der Reiter gefühlvolle Paraden aus dem Handgelenk heraus geben. Der zum Dach gewinkelte Daumen verhindert das Durchrutschen des Zügels.

Durchparieren

„Wer bremst, verliert", mag ja für viele Sportarten gelten, nicht so fürs Reiten. Schließlich ist die Kontrolle über das Pferd das wichtigste Ziel des Einsteigers. Doch Anhalten und Versammeln beschäftigt einen ehrgeizigen Reiter ein Leben lang. Während Durchparieren den Pferdekörper unter Kontrolle und zum Stehen bringt, fängt man durch Rückwärtsrichten den Geist und holt sich die Aufmerksamkeit zurück.

Anhalten mit Gefühl

Richtig gelesen im vorangegangenen Kapitel: Zum Bremsen gibt man Gas, und das nicht zu knapp. Vorher gibt der Reiter jedoch eine halbe Parade, um das Pferd auf das Anhalten vorzubereiten.

Nun kommt die „Stotterbremse", die Folge mehrerer halber Paraden, bis das Pferd steht. Ein ausgebufftes Schulpferd wird die ersten Aufforderungen wahrscheinlich ignorieren. Vielleicht kann es aber einfach auch nicht gleich bremsen. Latscht es nämlich auf der Vorhand, läuft es seinem Gleichgewicht hinterher, das es bräuchte, um kurzfristig anzuhalten. Wichtig sind deshalb die treibenden Hilfen, die die Hinterhand zum verstärkten Untertreten animieren. Nur so kann das Pferd sein Gewicht und das des Reiters in der Vorwärtsbewegung abfangen und läuft nicht mit einem langen Bremsweg ins „Halt" hinein. Den Vorwärtsschub der Kreuz- und Schenkelhilfen fangen die Hände am Gebiss ab und verkürzen den Rahmen des Pferdes.

Bereits vor dem Anhalten muss das Pferd gut an den Hilfen stehen und im Gleichgewicht sein. Auf der Vorhand vorwärtsrennende Pferde können gar nicht sofort anhalten, weil ihnen dieses Gleichgewicht fehlt.

> ## *Wie stoppt man durchgehende Pferde?*
>
> Häufig bekommen Anfänger den Tipp, immer engere Kreise zu reiten, wenn das Pferd (im Gelände) mal zu schnell wird oder durchgeht. Das hilft jedoch nur bedingt und führt nicht zum Halten, denn dazu braucht man die beidseitig gleichmäßig wirkenden Hilfen auf geraden Linien. Oftmals ist auch gar nicht der Platz, um der Gangart und Geschwindigkeit angepasstes Ringelreihen zu reiten. Besser also auch im (vermeintlich) unkontrollierten Tempo daran denken, zu den treibenden Hilfen tief auszuatmen, sich auf den Hintern zu setzen und auf eine annehmende Zügelhilfe sofort wieder eine nachgebende folgen zu lassen. So hat das Pferde keine Chance, sich auf dem Gebiss festzumachen oder vor Schmerz im Maul erst recht davonzurennen.

Jetzt aber auch dran denken, nicht am Zügel zu ziehen, denn Druck erzeugt Gegendruck. Ein Pferdehals ist unwahrscheinlich kräftig. Außerdem bewegt sich unter dem Reiter eine Körpermasse von 400 Kilo und mehr vorwärts. Ein bisschen viel für des Reiters Oberarmmuskulatur.

Durch andauerndes Ziehen flüchten sich die einen Pferde ins Kopfhochreißen und ergreifen, wenn der Schmerz im Maul zu stark wird, im wahrsten Sinne die Flucht. Andere rollen sich ein, um dem Druck zu entgehen. Sie kommen immer mehr auf die Vorhand. An Halten ist so auch nicht zu denken.

Der perfekte Halt

Das Pferd steht – aber auch geschlossen? Für das korrekte Stehen soll es alle vier Beine gleichmäßig belasten und im Genick nachgeben. Steht das Pferd nur vorne geschlossen, treibt man durch leichten Schenkeldruck das ausgestellte Hinterbein nach. Wer dazu runtersieht, mogelt.

„Sehen" kann man es auch mit dem Hintern: Steht das Pferd korrekt auf allen Vieren, sitzt der Reiter mit beiden Sitzbeinhöckern bequem auf gleicher Höhe. Steht ein Hinterfuß zu weit nach hinten weg, sitzt der Reiter auf dieser Seite tiefer.

Steht das Pferd perfekt, das heißt „geschlossen", belastet es gleichmäßig alle vier Beine. Dazu muss aber auch der Reiter beide Sitzbeinhöcker gleichmäßig belasten. Geübte Reiter entwickeln ein Gespür dafür, wie das Pferd unter ihnen steht.

Rückwärtsrichten

Das Rückwärtsrichten gehört zur Grundausbildung von Reiter und Pferd. Trotzdem wird es sparsam eingesetzt, denn das Pferd ist nur auf rückwärts programmiert, um einem Hindernis auszuweichen oder als Unterlegener in einer Auseinandersetzung mit Artgenossen den Rückzug anzutreten. Es ist immer auch eine unterordnende Lektion. Dessen sollte sich der Reiter, aber auch der Ausbilder am Boden stets bewusst sein.

In der Dressurprüfung wird mit dem Rückwärtsrichten der Gehorsam und die Durchlässigkeit des Pferdes überprüft. Im Alltag kann man damit Aufmerksamkeit einfordern, wenn das Pferd sich bei der Arbeit allzu sehr mit dem Geschehen außerhalb des Reitplatzes beschäftigt oder die Reitstunden mit eigenen (und meist unerwünschten) Beiträgen bereichert.

Rückwärtsrichten wird – wie immer – durch eine halbe Parade eingeleitet. Dann wird durchpariert, denn Rückwärtsrichten erfolgt grundsätzlich aus dem Stand. Und nun los! Kreuz und Schenkel geben einen deutlichen Impuls. Richtig, sie treiben vorwärts. Doch die Hand bleibt weich stehen und hindert das Pferd am Vorwärtstreten. Nun entlastet der Reiter den Pferderücken, indem er ein wenig Gewicht von den Sitzbeinhöckern nimmt. Dazu kann er den Oberkörper leicht nach vorne nehmen.

Treibt der Reiter gleichmäßig, tritt das Pferd gelassen und rhythmisch rückwärts – immer mit den diagonalen Beinpaaren gleichzeitig. Nach wenigen Tritten ist Schluss und das Pferd erhält das verdiente Lob.

Lösende Übungen

Am Anfang einer jeden Reit- oder Trainingsstunde stehen Aufgaben, durch die Pferde und Reiter zur Losgelassenheit finden sollen. Das ist der Zustand, in dem die Muskulatur sich wechselweise anspannt und wieder lockert. Die Atmung fließt und beide, Reiter und Pferd, finden in dieser Phase den Draht für eine erfolgreiche Kommunikation.

Sportler wärmen sich auf

Die Lösephase ist die Aufwärmphase einer Reitstunde für das Pferd und ebenso für den Reiter. Für beide gilt auch, dass Zwanglosigkeit ein naturgegebener Zustand ist, Losgelassenheit aber erst erarbeitet und erritten werden muss. Muskeln werden in dieser Phase energisch angespannt und wieder losgelassen.

Pferde müssen ihre Muskeln wie alle Sportler vor Höchstleistungen aufwärmen, damit vorzeitige Ermüdung oder Überlastung nicht zu Muskelkater oder schwereren Verletzungen führen. Schlecht trainierte Pferde verlieren die Lust an der Arbeit, sie sind verspannt und unwillig. Deshalb ist ein Aufwärmprogramm Pflicht, um Gleichgewicht, Takt und Losgelassenheit zu finden. Hierfür ist der Reiter verantwortlich.

Das Aufwärmen erfolgt zuerst im Schritt, der fleißig und raumgreifend sein soll. Später wird im Trab und Galopp der Kreislauf von Pferd und Reiter in Schwung gebracht. Das Pferd wird dabei entsprechend seines Temperaments und Arbeitswillens energisch vorwärtsgeritten und aufgeweckt, oder aber es wird beruhigt und darf überschüssige Energie im kontrollierten Galopp ablassen.

Um die Rücken- und Rumpfmuskulatur des Pferdes geschmeidig zu machen und auf schwerere Lektionen vorzubereiten, steht zu Beginn das Reiten auf großen, gebogenen Linien, also Zirkeln und einfachen Schlangenlinien, auf dem Plan. Später werden die Biegungen enger und Volten, Kurzkehrt

In der Lösephase wärmen sich Pferde und Reiter langsam auf. Die Muskulatur kommt auf Betriebstemperatur, die Gelenke werden geschmiert, Bänder und Sehnen auf die bevorstehenden Aufgaben vorbereitet.

oder Schlangenlinien in mehreren Bögen ergänzen das Aufwärmprogramm. Viele Handwechsel gewährleisten die gleichmäßige Belastung beider Seiten des Pferdes.

Mit biegenden Übungen beginnt man im Einzelunterricht immer auf der guten Seite des Pferdes, während man es in der Abteilung nehmen muss, wie es kommt. Beim fortgeschrittenen Reiter kann auch mit Trabstangen und Cavalettis gearbeitet werden.

Zum Ende der Lösephase bereiten zahlreiche Tempoübergänge das Pferd auf versammelnde Übungen vor. Dabei ist Versammlung nicht im physischen Sinne gemeint. Diese steht erst bei weit fortgeschrittenen Pferd-Reiter-Paaren auf dem Programm. Vielmehr folgen die Phasen konzentrierter Arbeit und anspruchsvollerer Lektionen, die in den folgenden Kapiteln erläutert werden.

Lösephase auch für Reiter

Wer kennt nicht das Bauchkribbeln vor einer Reitstunde? Bekomme ich mein Lieblingsschulpferd, auf dem ich mich so wohl fühle als wäre es mein eigenes? Oder muss ich mich auf einem faulen Pferd abquälen, womöglich sogar mit dem zickigen Vierbeiner, der andere Pferde ins Visier nimmt?

Die Lösephase nutzt der Reiter, um einen Draht zu seinem reitbaren Untersatz zu finden und sich zu verständigen. Er sondiert die Arbeitseinstellung seines Pferdes und fühlt intensiv die Eigenheiten der Pferdebewegung. Ist das Pferd steif und auf welcher Seite? Ist das Pferd von Natur aus geschmeidig und die Losgelassenheit relativ schnell zu errei-

Cavaletti-Arbeit während der Lösephase ist eine schöne Abwechslung und steigert die Aufmerksamkeit. Dabei wird die Hinterhand zum Untertreten und der Rücken zum elastischen Schwingen aktiviert.

Im weiteren Verlauf der Lösephase dehnt das Reiten auf gebogenen Linien die seitliche Hals- und Rumpfmuskulatur und macht das Pferd geschmeidig. Es tritt an den Zügel heran.

chen? Besonders zu Beginn der Reitstunden sollte der Schüler auf seine tiefe, gleichmäßige Atmung achten und aktiv entspannen. Wird die Muskulatur ausreichend mit Sauerstoff versorgt, kann sie gut arbeiten, ohne zu übersäuern oder zum Andenken an die Reitstunde einen heftigen Muskelkater auszubrüten.

Gerade am Anfang sollte der Reiter auf einen korrekten Sitz achten und nicht irgendwie auf dem Pferd hängen. Vor allem an Einsteiger stellt die Reiterei hohe konditionelle Anforderungen, und zum Ende einer Stunde lässt der Sitz durch Ermüdung schon mal nach.

Der Lern- und Fühleffekt ist ebenso wie die Konzentrationsfähigkeit deshalb zu Beginn einer Reitstunde am größten. Das Schulpferd ist noch frisch und der Dialog von Einwirkung durch Hilfen und Pferdereaktion sehr lebendig.

Die Anfangsphase gilt es zu nutzen, um die gefühlten Bewegungsabläufe des Pferdes, aber auch die eigene Haltung in Worte zu fassen und dem Reitlehrer mitzuteilen. So lernt der Schüler, selbstständig zu agieren, während er zu fortgeschrittener Stunde immer stärker auf Unterstützung und Antrieb durch den Reitlehrer angewiesen ist.

Reiten lernen – einmal anders

Während es für Pferde einen allgemein gültigen Ausbildungsplan gibt, der auch in fast allen Reitweisen Anerkennung findet – die Skala der Ausbildung –, sucht man einen festgeschriebenen Lehrplan für Reiter vergeblich. Das ist auch gut so, denn neben dem gängigen Reitunterricht führen durchaus noch andere Wege aufs Pferd. So kann jeder seinen persönlichen Neigungen gerecht werden.

Vor allem Erwachsene stehen nach frustrierenden Reitstunden ohne erkennbaren Fortschritt vor der Entscheidung: aufhören oder weitermachen? Sie stellen sich die Frage: Geht es auch anders?

Es gibt eine ganze Reihe alternativer Ausbildungsmethoden. Viele setzen ihren Schwerpunkt neben körperlichem Training auch auf die mentale Stärke des Reiters. Damit kommen sie vor allem „kopflastigen" Wiedereinsteigern zugute, die Defizite beim Körpergefühl und der Körperbeherrschung haben.

Alexander-Technik

Der australische Schauspieler Frederick Matthias Alexander (1869 – 1955) hat an sich und anderen beobachtet, dass die Qualität des dynamischen Zusammenspiels von Kopf, Hals und Rücken maßgeblich für die Koordination des ganzen Menschen ist.

Die Alexander-Technik ist eine körperorientierte und pädagogische Methode der Wahrnehmungs- und Bewegungsschulung, die helfen soll, körperliche und geistige Kräfte zu koordinieren und zu entfalten. Sie sieht den Menschen als dynamisches Ganzes und stellt nicht die richtige Haltung in den Mittelpunkt, sondern ist auf Beweglichkeit und die Schulung der Selbstwahrnehmung ausgerichtet. Damit werden Reiter und Pferd zunehmend eine zusammenwirkende bewegte Einheit.

Von langjährigen Reitern und konservativen Reitlehrern manchmal als Spinnerei abgetan, öffnen alternative Lehrmethoden vielen Reitern neue Wege.

Feldenkrais für Reiter

„Jeder Mensch bewegt sich und verhält sich nach dem Bild, das er von sich hat." Dies war die Erkenntnis des gebürtigen Russen Moshé Feldenkrais (1904 – 1984), der als erfolgreicher Judoka einem eigenen Knieleiden mit einer selbst entwickelten Schulung des Bewegungsempfindens begegnete.

Auf den Reitsport übertragen heißt das: Mein Selbstbild ist verantwortlich für meine Möglichkeiten. Die Feldenkrais-Arbeit richtet ihr Augenmerk auf das Erweitern des Körperbildes und das Entdecken eigener Möglichkeiten. Das Nervensystem speichert über die Lebensjahre Verhaltensmuster ab, um sie im Bedarfsfall schnell zur Verfügung zu stellen. Doch mit der Zeit schränken uns manche Gewohnheiten ein: Einzelne Muskelgruppen sind ständig gefordert, während andere vor Unterforderung verkümmern. Durch ungewohnte Bewegungen in stressfreier Umgebung werden Handlungsmuster zunehmend klarer, die Möglichkeiten erweitern sich.

Die Konsequenz nach Feldenkrais: „Wenn wir spüren, was wir tun, und Wahlmöglichkeiten für dieses Tun haben, können wir tun, was wir wollen." Dabei bleibt jedem ausreichend Raum, seinen eigenen Weg zu finden. Bewegungsübungen auf dem Pferd, die in Vergessenheit geratene Muskeln aktivieren, sind ein Instrument dieses Ausbildungsweges.

Die TT.E.A.M-Methode

Die Amerikanerin Linda Tellington-Jones stellt das Pferd in den Mittelpunkt ihrer Arbeit. Ziel ist die Verbesserung des Körpergefühls, der Angstabbau, die Konzentrationssteigerung und die Selbstkontrolle, die den Fluchtinstinkt des Pferdes zurückdrängt. Durch die Arbeit nach TT.E.A.M. am Boden finden Reiter eine partnerschaftliche und intensive Verbindung mit Pferden. Beim Pferd steigert die Tellington-Methode die Lernfähigkeit, die Bewusstheit und die Koordination.

Ursprünglich entwickelte Linda Tellington-Jones ihre Methode für widersetzliche Pferde, heute ist sie eine Bereicherung für alle Pferde, vom Sport- bis zum Freizeitpferd.

Centered Riding

Beim Centered Riding, dem Reiten aus der Körpermitte nach Sally Swift, soll der Reiter spüren lernen, wie Reiterhilfen wirken. Dazu bedient sich die Methode verschiedener Bilder und schult die Vorstellungskraft. Vorbereitende Grundübungen auf dem Boden und Übungen mit geschlossenen Augen im Schritt und Trab auf dem geführten Pferd hel-

Angstfreies und zwangloses Reiten und der Umgang mit dem Pferd stehen ebenso im Mittelpunkt alternativer Lehrmethoden wie die Überwindung körperlicher Defizite des Reiters.

fen dem Reiter, sich ganz auf seine Bewegungen zu konzentrieren und sie dem Pferd anzupassen. Der Reiter entwickelt ein Gefühl für die angemessene Körperspannung und wird zu Selbstkorrekturen befähigt.

Connected Riding

Das Prinzip des Connected Riding von Peggy Cummings ist eine Weiterentwicklung des Reitens aus der Körpermitte in Verbindung mit Elementen der TT.E.A.M.-Methode. Im Zentrum steht die Entwicklung des Körpergefühls und daraus resultierende Aktionen. „Innerer Beweglichkeit folgt äußere Geschmeidigkeit", so das Motto.

Hierfür verwendet Peggy Cummings starke und nachvollziehbare innere Bilder: Vorwärts fließen, rückwärts denken, auf dem Pferd schmelzen oder sich wie eine Boje im Wind bewegen sind nur einige davon. Die Methode verhilft kopfbetonten „Taschensitzern" und „gekrümmten Helden" zum aufrechten und ausbalancierten Sitz. Praktische Übungen ersetzen konventionelle technische Reitanweisungen und öffnen neue Wege. Der Kontakt zum Pferd wird dadurch intensiver und das Reiten auch auf hohem Niveau weiter verbessert.

Reiten für Fortgeschrittene

Die Ausbildungsskala

Nach mehr oder weniger Reitstunden sitzen die meisten Reiter sicher auf dem Pferd. Eigentlich reichen die Reitstunden doch für den Rest des Reiterlebens, oder? Keineswegs, denn jetzt geht es erst richtig los! Der weiteren Reitausbildung liegt das (pferde)anatomisch richtige Reiten, basierend auf der allgemein gültigen „Skala der Ausbildung" zugrunde. Sie ist Lehr- und Stundenplan für die Vierbeiner.

Lehrplan für Pferde und Reiter

Das Ziel einer soliden Dressurausbildung ist die umfassende Gymnastizierung des Pferdes. Hierdurch wird es körperlich zum Tragen des Reitergewichts befähigt, es bleibt gesund und leistungsfähig. Aus dieser Gymnastizierung heraus entwickelt sich mit der Zeit dann die Fähigkeit des Pferdes, selbst schwierige Lektionen scheinbar mühelos zu bewältigen.

Auch die einzelne Trainingsstunde ist nach dem System der Skala der Ausbildung mit den Elementen Takt, Losgelassenheit, Anlehnung, Schwung, Geraderichten und Versammlung aufgebaut, deren Reihenfolge nicht vertauscht werden darf.

Unsere Reitkenntnisse reichen bisher gerade mal für die Aufwärm- und Lösephase. Mit den folgenden Aufgaben kann man jedoch die Rittigkeit und den Muskelaufbau des Pferdes gezielt verbessern. Auch Reiter, die den Springsport später vorziehen, brauchen diese Dressur-Basics, denn spätestens in höheren Turnierklassen muss auch ein Springpferd vor schwierigen Hindernissen richtig versammelt werden.

Je höher die Ausbildungsstufe, umso höher ist auch die Durchlässigkeit. Sie bedeutet, dass das Pferd treibende, verwahrende und seitwärts wirkende Hilfen zwanglos und gehorsam annimmt.

Der Reiter überprüft die Losgelassenheit, indem er beide Zügel überstreicht. Bleibt das Pferd bei gleichbleibendem Tempo in seiner Haltung konstant, ist es richtig.

Die Versammlungsfähigkeit eines Pferdes hängt auch von dessen Anatomie ab. Die Gelenke der Hinterhand brauchen ein gutes Winkelverhältnis, ein kurzer Rücken ist vorteilhaft.

Den Schwung verbessert man durch Reiten von Übergängen, aber auch durch Zulegen auf der langen Seite und Einfangen vor den Ecken.

Takt und Losgelassenheit

Im ersten Schritt findet das Pferd den Takt, definiert als „Gleichmaß der Bewegungen". Es kann sich in freier Haltung locker und gleichmäßig bei geringem Kraftaufwand bewegen und sein Gleichgewicht unter dem Reiter finden. Taktfehler weisen auf körperliche und seelische Probleme des Pferdes hin, die unbedingt überprüft und gelöst werden müssen.

Die Losgelassenheit beschreibt einen ausgeglichenen körperlichen und seelischen Zustand des Pferdes. Es spannt seine Muskeln gleichmäßig und kraftvoll an und kann sie ebenso aktiv entspannen. Die Wirbelsäule wird gestreckt und der Hals nach vorwärts-abwärts gedehnt. Die Hinterhand tritt aktiv unter den Rumpf. Der Rücken schwingt locker. Das Pferd eilt nicht und der Reiter kommt zum Treiben. Diese Gewöhnungsphase ist mit der sicheren Anlehnung abgeschlossen.

Anlehnung und Schwung

Die Anlehnung ist die erste ernsthafte Hürde des Reitneulings. Die weiche Verbindung zwischen Zügelhand und Pferdemaul erfordert einen ausbalancierten Sitz und viel Gefühl. Bei einer guten Anlehnung sollte das Pferd stets den Kontakt zur Reiterhand suchen. Jetzt kann das Pferd auch Schwung entwickeln: Bei gleichbleibendem Takt verlängert sich die Sprungphase im Trab und Galopp. Dieser Level wird in Dressurprüfungen erst in höheren Klassen gefordert.

Geraderichten und Versammlung

Ein „einhändiges", schiefes Pferd bekommt durch die einseitige Belastung langfristig Probleme mit dem Rücken und den Beinen. Diese Händigkeit ist mit der von uns Menschen vergleichbar, wenn wir mit nur einer Hand schreiben, kraftraubende einseitige Arbeiten erledigen oder ein bevorzugtes Bein beim Sprung haben. Die Händigkeit beim Pferd lässt sich durch gute und durchdachte Gymnastizierung verringern.

Zum Geraderichten muss der Reiter die Beine der Hinterhand in die Spur der Vorhand bekommen – das ist gar nicht so einfach. Das schwächere Hinterbein muss hierzu nämlich mehr Last aufnehmen und unter den Schwerpunkt treten. Das Pferd entwickelt nun zunehmend Tragkraft, vorausgesetzt, es stößt hier nicht aufgrund seiner körperlichen Voraussetzungen an Grenzen.

Die vermehrte Lastaufnahme der Hinterhand des geradegerichteten Pferdes führt zur Versammlung, der höchsten Stufe der Ausbildungsskala. Das Pferd tritt noch deutlicher unter den Schwerpunkt und biegt die Hanken – alle Gelenke zwischen Becken und Fesselgelenk. Neben den Lektionen der höchsten Dressurklasse, Piaffe und Passage, ist die Versammlung Voraussetzung für die Schulen über der Erde: Levade, Courbette und Kapriole.

Die Ausbildungsskala gilt für Reiter und Pferde aller Reitweisen. Schließlich ist sie das einzige Mittel, um Pferde gesund und reitbar zu erhalten.

Wendungen reiten

Erste Aufgaben des fortgeschrittenen Reiters überprüfen die Korrektheit der seitwärts treibenden Hilfen. Aller Anfang ist schwer, und so dürfen die Vor- und Hinterhandwendung aus dem Stand heraus eingeleitet werden. Schenkelweichen, Kurzkehrt und Viereck vergrößern und verkleinern reitet man im Schritt. Später kommt Zirkel vergrößern und verkleinern im Trab und Galopp hinzu. Es wird ernst, denn nun heißt es einzeln zeigen, ob das Pferd den Reiter versteht.

Die Vorhandwendung schult die Koordination der Hilfengebung und wird deshalb schon recht früh in den Unterricht integriert.

Wichtig ist die Hilfengebung Schritt für Schritt: Nach jedem Schritt kurz innehalten und dann wieder los. So gelingt die Vorhandwendung leichter.

Vorhandwendung

Die Vorhandwendung ist eine lösende Übung und fordert vom Pferd willige Reaktionen auf den seitwärts treibenden Schenkel. Der Reiter hält das Pferd auf dem zweiten Hufschlag an. Dann stellt er es mit dem inneren Zügel auf die Seite des seitwärts treibenden (jetzt „inneren") Schenkels. Der äußere Zügel begrenzt die Stellung. Der innere Schenkel treibt knapp hinter dem Gurt seitwärts, der äußere verwahrende Schenkel fängt jeden Schritt auf. Durch die korrekte Schenkellage belastet der Reiter bei geradem Sitz verstärkt den inneren Gesäßknochen. Das Pferd tritt mit dem inneren Hinterfuß vor dem äußeren Hinterfuß herum. Das äußere Vorderbein tritt um das innere Vorderbein. Nach einer 180-Grad-Wendung steht das Pferd in entgegengesetzter Richtung wieder auf dem zweiten Hufschlag.

Hinterhandwendung

Die Hinterhandwendung ist eine versammelnde Übung. Das stehende Pferd wird mit dem inneren Zügel in Bewegungsrichtung gestellt. Der innere Gesäßknochen wird stärker belastet. Dazu treibt der innere Schenkel am Gurt und sorgt für die Biegung und das gleichmäßige Abfußen der Hinterbeine. Diese dürfen, anders als bei der Vorhandwendung, leicht nach vorne unter den Schwerpunkt treten. Der äußere Schenkel verhindert eine Hand-

Bei der Hinterhandwendung und dem Kurzkehrt ist das Pferd deutlich nach innen gebogen und muss untertreten – es kommt langsam in die Versammlung.

breit hinter dem Gurt das Ausfallen der Hinterhand. Der äußere Zügel begrenzt Stellung und Biegung. Das Pferd tritt in einem kleinen Halbkreis um die Hinterhand herum.

Kurzkehrt

Das Kurzkehrt ist eigentlich eine Hinterhandwendung, diesmal aber aus der Bewegung heraus geritten. Es erfolgt aus dem Mittelschritt oder dem Trab, wird aber selbst immer im Schritt durchgeführt. Das Pferd hält weder vor noch nach der Übung an. Beim Kurzkehrt aus dem Trab geht das Pferd unmittelbar nach dem Durchparieren zum Schritt in die Übung, führt diese aus und trabt anschließend ohne Zwischenschritte wieder an.

Die Wendungen auf kleinem Raum werden in Trailprüfungen regelmäßig abgefragt und teilweise in Kombination mit dem Rückwärtsrichten gefordert. Das ist zum Beispiel der Fall beim aus Stangen gelegten „Schlüsselloch" oder dem Öffnen und Schließen eines Tores.

Diese Übungen haben einen gymnastizierenden Effekt auf das Pferd. Beim Reiter trainieren sie die Präzision der Hilfengebung.

Geht das Pferd nach vorne, fehlt der verwahrende äußere Zügel. Versucht es, sich nach hinten zu entziehen, steht es zu dicht an der Bande oder der (äußere) Schenkel fehlt.

Die Seitengänge

Wer Seitengänge im Schritt und später auch im Trab und Galopp reiten kann, ist weiter gekommen als die meisten seiner Weggefährten. Neben der gymnastizierenden Wirkung der Vorwärts-Seitwärts-Bewegung zeigen diese Übungen auch, ob der Reiter in der Lage ist, seinen eigenen Körper zu kontrollieren. Dazu gehört es, Gewicht, Beine und Hände einseitig und vor allem unabhängig voneinander einzusetzen.

Schenkelweichen

Das Schenkelweichen ist eine lösende Übung. Hier ist erstmals die Koordinationsfähigkeit des Reiters in der Bewegung gefordert: Der Reiter lernt, den seitwärts treibenden Hilfen bei jedem Schritt verwahrende folgen zu lassen.

Geritten wird Schenkelweichen mit dem Kopf zur Bande oder nach innen. Und so geht es: Der Reiter rundet die Ecke beim Durchreiten ab, sodass er im 45-Grad-Winkel auf die Bande der neuen Seite, meist der langen, zusteuert. Dabei geht er auf den zweiten Hufschlag, damit das Pferd ausreichend Kopffreiheit hat. Nun wird das Pferd mit dem „inneren" Zügel zur Bande hin gestellt. Achtung, jetzt wird es kompliziert: War die Bandenseite vorher „außen", wird sie aufgrund der Stellung die neue „Innenseite". Der (neue) innere Schenkel auf der Bandenseite treibt nun mit jedem Abfußen des inneren Hinterbeins am oder kurz hinter dem Gurt. Der äußere Schenkel liegt verwahrend hinter dem Gurt und fängt jeden Tritt ab. Er vereitelt das seitwärtige Ausbrechen des Hinterbeins und unterstützt das Vorwärtslaufen.

Sitzt der Reiter korrekt im Drehsitz und knickt nicht in der Hüfte ein, stimmen die Gewichtshilfen

Das Schenkelweichen ist eine Übung, die gut auch im Gelände gemacht werden kann. Entweder versucht man es am Wegrand oder reitet wie beim Viereck verkleinern und vergrößern seitwärts von einer Seite des Weges zur anderen. Das Pferd ist dabei lediglich im Hals gestellt, der Rumpf bleibt gerade.

Schulterherein: Wie beim Schenkelweichen ist das Pferd gegen die Bewegungsrichtung gestellt, aber nun durch den ganzen Körper gebogen!

Im Travers (und Renvers) ist das Pferd in Bewegungsrichtung gebogen. Für das Travers kann der Reiter die Biegung des Pferdes aus der Ecke „mitnehmen".

automatisch. Der äußere Zügel sorgt dafür, dass die (äußere) Schulter, die ins Bahninnere zeigt, nicht wegläuft.

Bis die Übung richtig flüssig funktioniert, hilft es, langsam und gleichmäßig zu treiben. Läuft das Pferd übereilt und wird im Winkel zu steil oder zu flach, bringen Korrekturen die Bewegung meist zum Stocken.

Zum Schenkelweichen mit dem Kopf zur Bande reitet man zunächst auf eine Diagonale, bis das Pferd die 45-Grad-Abstellung vom Hufschlag erreicht hat. Viereck verkleinern und vergrößern entspricht dem Schenkelweichen auf einer gedachten diagonalen Linie fünf Meter ins Bahninnere bis auf Höhe der Mitte der langen Seite.

Schulterherein

Die eigentlichen Seitengänge sind versammelnde Übungen und ausnahmslos Vorwärts-Seitwärts-Bewegungen mit weitgehend gleichmäßiger Längsbiegung durch den gesamten Pferdekörper. Das Pferd wird in seiner seitlichen Rumpf- und Halsmuskulatur sehr effektiv gedehnt und gymnastiziert, die Tragkraft gefördert.

Im Schulterherein ist das Pferd nach innen gestellt und um den inneren Schenkel gebogen. Die Hinterhand geht auf dem Hufschlag nahezu geradeaus. Die äußere Schulter wird so weit ins Bahninnere geholt, dass die Vorderbeine in einer Spur vor dem inneren Hinterbein auffußen. Das Pferd geht auf drei Hufschlaglinien.

Und so geht es: Das Pferd wird mit korrekter Biegung um die Ecke geritten. Diese Biegung von etwa 30 Grad nimmt man mit auf die lange Seite des Hufschlags. Der innere Schenkel treibt am Gurt. Der äußere Schenkel liegt verwahrend eine Handbreit hinter dem Gurt. Damit wird der innere Gesäßknochen verstärkt belastet (Drehsitz). Der Reiter sitzt gerade – ohne Knick in der Hüfte! Der innere Zügel stellt das Pferd und sorgt zusammen mit dem inneren Schenkel für die Längsbiegung des Pferdes. Der äußere, verwahrende Zügel gibt leicht nach, um die Schulter vorzulassen, begrenzt aber die Stellung. Geht die Biegung zwischendurch verloren, „wickelt" man das Pferd auf einer Volte wieder korrekt um den inneren Schenkel.

Travers und Renvers

Bei diesen Lektionen ist das Pferd um rund 30 Grad in Bewegungsrichtung gestellt und gebogen. Im Travers geht die Vorhand auf dem Hufschlag, die Hinterhand wird in die Bahn geführt. Im Renvers geht die Hinterhand auf dem Hufschlag, die Vorhand wird ins Bahninnere geführt. Vorder- und Hinterbein kreuzen. Das Pferd läuft auf vier Hufschlaglinien.

Die Hilfen sind bei Travers und Renvers identisch: Der innere Zügel stellt das Pferd. Der innere Schenkel treibt am Gurt und sorgt für gleichmäßige Tritte und die Biegung. Der äußere Schenkel liegt verwahrend hinter dem Gurt. Der innere Gesäßknochen ist stärker belastet. Der Reiter sitzt gerade. Wie beim Schulterherein gibt der äußere verwahrende Zügel leicht nach, begrenzt aber die Stellung.

Traversalen findet man in Dressurprüfungen der Klasse M und S. Es sind dem Travers gleiche Vorwärts-Seitwärts-Bewegungen auf der Diagonalen, parallel zur langen Seite.

Geschicklichkeit und Harmonie

Während die klassischen Dressurlektionen und Übungsreihen auf dem Reitplatz ohne großen Aufwand jederzeit geritten werden können, bedarf das Trailreiten ein bisschen Einfallsreichtum und Bastelarbeit. Steht der bunte Trailparcours mit den Aufgaben, die an die Arbeit mit Pferden und Rindern erinnern, aber erst mal fertig da, ist der Spaß- und Lernfaktor nicht mehr zu toppen. Pferde und Reiter sind mit Motivation dabei.

Mit feinen Hilfen

Viele Reiter, die sich mit den immer gleichen Fehlern durch die Reitstunde quälen, haben im Trailparcours echte Aha-Erlebnisse. Wer auf gebogenen Linien nicht korrekt sitzt oder immer wieder sein Ziel aus den Augen verliert, weil er auf den Mähnenkamm seines Pferdes starrt, findet mit dem Trailreiten einen einfachen Weg, korrektes Reiten zu erleben. Viele Aufgaben erfordern ein scharfes Auge, geschickte Hände und den Einsatz von Schenkel- und Gewichtshilfen.

Wichtigstes Ziel zwischen bunten Stangen, Planen und Flatterband ist die leichte und fein dosierte Hilfengebung. Die gestellte Aufgabe soll nicht „irgendwie" erledigt werden, sondern in der Reihenfolge: erst denken, dann reiten. Die Zusammenarbeit mit dem Pferd erfolgt ruhig und harmonisch. Nach erfolgreicher Bewältigung der Aufgabe steht ein ausgiebiges Lob. Auch Pferde haben viel Spaß an Trailaufgaben und erinnern sich gerne an positive Erlebnisse.

Die Bewältigung solch kniffliger Denk- und Geschicklichkeitsaufgaben fördert bei vielen Pferd-Reiter-Paaren das gegenseitige Vertrauen und das Selbstbewusstsein.

Die Wippe

Dicke, breite Holzdielen liegen mittig auf einem querliegenden Balken, sodass sie schaukeln können. Jetzt ist Vertrauen gefragt, denn Pferde mögen keinen wackeligen Untergrund. Der Reiter muss die Wippe nun mit dem Pferd überqueren und reitet hierzu bei guter Anlehnung Schritt für Schritt gerade auf die Holzbretter. Vor der Mitte reduziert er das Tempo, denn schließlich kippt die Wippe gleich nach vorne. Das Pferd wird mit Zügeln, Kreuz und Schenkeln gut eingeschlossen. So weiß es: „Hallo, was jetzt kommt ist ungefährlich, auch wenn es wackelt." Kippt die Wippe nach vorne, lässt der Reiter das Pferd kontrolliert weiterlaufen.

Geschickte Reiter und routinierte Pferde bleiben über dem Mittelbalken erst mal stehen und schaukeln durch kleine Schritte oder Gewichtsverlagerung vorwärts und rückwärts.

Karussell

In der Mitte einer gedachten Voltenlinie steht ein Hindernisständer, an dem ein drei bis vier Meter langes, gespanntes Flatterband oder Seil befestigt ist. Das zweite Ende ist locker an einem zweiten Hindernisständer auf der Kreislinie festgemacht.

112

Vor dem Anreiten nimmt man das lose Seilende mit der inneren Hand. Die äußere führt die Zügel. Nun reitet man einhändig auf der gedachten Kreislinie mit gespanntem Seil, ohne dies aber aus der Hand gleiten zu lassen. Wer bei dieser Übung stets den Hindernisständer in der Mitte im Auge behält, hat kein Problem, eine korrekte Volte zu reiten. Erreicht man den Ständer wieder, wird das Seil daran befestigt.

Das Schlüsselloch

Für das Schlüsselloch braucht man fünf Hindernisstangen. Drei werden zu einem Trapez mit einer offenen Seite gelegt, die zwei übrigen Stangen beidseitig an diesen „Eingang". Nun reitet man ins „Schlüsselloch" bis in eine Ecke hinein und wendet: zuerst mit einer viertel Vorhandwendung von etwa 45 Grad, anschließend mit einer viertel Hinterhandwendung im gleichen Winkel. Beide macht man Schritt für Schritt, sonst kommt leicht ein unkoordiniertes Kreiseln um die „Mittelhand" heraus. Die Stangen dürfen dabei natürlich nicht be- oder übertreten werden.

Der Klassiker – das Stangenlabyrinth

Die Standardaufgabe in Trailprüfungen ist das Stangenlabyrinth. Hierbei liegen sechs Stangen im rechten Winkel zueinander. Jetzt gilt es hineinzureiten und am Ende anzuhalten. War Rückwärtsrichten bislang einfach nur geradeaus an der Bande gefordert, heißt es jetzt: ohne Stangenberührung um die Kurve. Linksherum nimmt der Reiter dazu den rechten Zügel an und treibt die Hinterhand Schritt für Schritt mit dem knapp hinter dem Gurt liegenden rechten Schenkel. Der linke Schenkel verhält sich diesmal bis kurz vor Abschluss der Wendung passiv und begrenzt erst den letzten Schritt. Rechtsherum funktioniert es mit entgegengesetzten Hilfen.

Handpferdereiten

Was beim Wanderreiten oder in der Jungpferdearbeit zum kleinen Einmaleins gehört, wird im gängigen Reitunterricht selten oder nie geübt. Trotzdem ist das Reiten mit Handpferd eine gute Übung für das einhändige Reiten und für schwerpunktmäßige Schenkel- und Gewichtshilfen. Mit dem Handpferd, das rechts vom Reitpferd und etwa eine Kopflänge vor diesem läuft, reitet man erst einfache Hufschlagfiguren, später vielleicht auch leichtere Trailhindernisse. Die Zügel des Reitpferdes hält man hierzu ausschließlich in der linken Hand. Das Handpferd wird mit deutlichen Handzeichen, der Gerte und der Stimme gelenkt.

Pylonen bringen nicht nur mehr Spaß und Abwechslung in die Übungsstunde. Sie geben Pferd und Reiter auch eine bessere Orientierung in der Bahn und helfen, exakter zu reiten.

Trailreiten erfordert neben Geschick und feiner Hilfengebung ein hohes Maß an Rittigkeit, aber vor allem Vertrauen zwischen Reiter und Pferd. Damit ist es alles andere als ein „Kinderspiel".

Kleine Hüpfer

Mit Stangen, Cavaletti und kleinen Hindernisreihen wird der Reiter nach und nach an das Springen herangeführt. Springgymnastik schult jedoch nicht nur Sitz und Balance des Reiters. Sie gymnastiziert auch den Pferderücken und trainiert die Muskulatur der Hinterhand. Kleine Hüpfer gehören zur Grundausbildung des Reiters. Große Sprünge bleiben mutigen Zeitgenossen auf besonders talentierten Pferden vorbehalten.

Bevor der Reiter sich an richtige Hindernisse wagt, sollte er sich in den drei Grundgangarten sicher bewegen, im Trab und Galopp das Tempo verstärken und wieder einfangen können und den leichten Sitz beherrschen.

Reiten im leichten Sitz

Wichtige Voraussetzung zum Überspringen von Hindernissen ist das sichere Galoppieren im leichten Sitz auf gebogenen Linien. Hierzu neigt der Reiter den Oberkörper aus der Hüfte heraus je nach Tempo und Sprungphase mehr oder weniger weit nach vorne und entlastet den Pferderücken. Die Bügel schnallt man etwa drei Löcher kürzer. Die stärkere Winkelung im Knie führt zu einem festeren Knieschluss. Spezielle Springsättel oder Vielseitigkeitssättel haben dicke Pauschen, die Halt geben. Die Wade liegt flach am Pferdebauch. Ein großer Teil des Reitergewichts liegt in den Steigbügeln.

Im leichten Sitz kommt es auf die gleichmäßige Gewichtsverteilung zwischen Gesäß, Oberschenkeln und Steigbügeln an.

Cavaletti-Arbeit schult das Gefühl für Distanzen und Tempounterschiede. Es nimmt Reiter und Pferd die Angst vor kleinen Hindernissen.

Die Ferse ist der tiefste Punkt. Das Sprunggelenk des Reiters bleibt elastisch. Oberarme und Schulter trägt der Reiter leicht vor dem Oberkörper, ohne sich in den Schultern einzurollen.

Das Zulegen und Einfangen des Tempos sowie einfache Galoppwechsel sollten kein Problem sein, wenn man sich an die ersten Sprünge wagt. Im leichten Sitz kann der Reiter gut auf Tempoveränderungen reagieren.

Ein routiniertes Schulpferd ist erste Wahl zum Springenlernen. Es findet praktisch von allein den idealen Absprungpunkt und trägt auch einen weniger beherzten Schüler gehorsam und sicher über die ersten Hindernisse. Durch das Üben von Tempoänderungen im Galopp findet der Reiter mit der Zeit selbst heraus, wo der optimale Absprungpunkt liegt.

Stangen und Cavaletti

Stangen und Cavaletti liegen auf dem Weg zur ersten Springstunde. Diese werden zu Beginn im Trab überwunden.

Hierbei lernt der Reiter, gefühlvoll die Hand am Hals nach vorne zu nehmen, ohne aber die Verbindung zum Pferdemaul aufzugeben. Halt findet der Reiter durch sein Gewicht in den Steigbügeln und die fest am Sattelblatt anliegenden Knie und Waden. Zu Beginn kann er auch die Hand aufstützen.

Das Pferd dehnt sich beim Überlaufen von Stangen und tief eingestellten Cavalettis (auch Bodenricks genannt) in die Tiefe. Der Hals streckt sich und dient mehr denn je als Balancierstange.

Der Reiter trabt zu Beginn entweder ständig oder nur über den niedrigen Hindernissen im leichten Sitz. Dazwischen kann er auch leichttraben. Später galoppiert er über die rund 40 cm hohen Cavaletti und wird schnell feststellen, dass die Höhe eines solchen Hindernisses im Sprung kaum zu spüren ist. In dieser Phase lernt er, Distanzen richtig einzuschätzen, wobei das Pferd ein falsch genommenes Maß meist noch gut ausbügeln kann.

Übungen im Flug

Verschiedene Übungen bei kleineren Sprüngen schulen das Rhythmusgefühl und die Balance des Reiters. Die Sprünge sind an der langen Seite der Bahn aufgebaut und mit einem Fang ausgestattet. Dieser verhindert das seitliche Ausbrechen, wenn der Vierbeiner keine Lust zum Sprung hat oder der verunsicherte Springneuling nur zögerlich treibt. Eine Absprungstange hilft dem Pferd, die richtige Distanz zu finden.

Auch bei den ersten kleinen Sprüngen über Cavaletti oder einen Kreuzsprung kann der Reiter sich noch mit einer Hand in der Mähne festhalten. Auf einem springfreudigen und zuverlässigen Pferd streckt er nach einigen erfolgreich überwundenen Hindernissen während dem Sprung erst eine Hand zur Seite. Später überspringt er das kleine Hindernis sogar freihändig. Die Zügel liegen dabei auf dem Pferdehals und werden erst nach der Landung wieder aufgenommen.

Der erste kleine Springparcours fordert vom Reiter mehr das Gefühl für Distanzen als das Überwinden von Höhe.

Große Sprünge

Das Überwinden von Hindernissen gehört zur Grundausbildung des Reiters. Profis begeistern damit auch viele Nichtreiter. Die Wurzeln des Springsports liegen in den Reitjagden des 18. Jahrhunderts. Erst später wurden diese Veranstaltungen zuschauerfreundlich in einen künstlichen Parcours verlegt. Auch der einst versammelte Springstil hat sich im Lauf der Jahrhunderte hin zu einem pferdefreundlichen, vorwärtsgerichteten Reitersitz entwickelt.

Springgymnastik tut dem Pferderücken gut und gehört deshalb in den Trainingsplan eines Pferdes. Doch auch im Gelände machen kleine Sprünge Pferd und Reiter riesig Spaß, wenn man die richtige Technik beherrscht.

Der Sprung in Phasen

Auf dem Weg durch einen Springparcours blickt der Reiter immer in die Richtung, in die er reitet, oder aber zum nächsten Hindernis. In einem gleichmäßigen Grundtempo galoppiert er gerade auf das Hindernis zu. Zögern und Zaudern verunsichert das Pferd und provoziert eine Verweigerung oder seitliches Ausbrechen. Schließlich will es seinen „Beifahrer" nicht über dem Hindernis verlieren.

Beim Absprung geht der Reiter geschmeidig in der Pferdebewegung mit. Dabei schaut er nach vorne, nicht aber nach unten auf das Hindernis. Die Hand geht vor in Richtung Pferdemaul, ohne dabei die Anlehnung aufzugeben.

In der Schwebephase ist der Rücken des Pferdes vollständig entlastet. Der Oberkörper ist weit nach vorne gebeugt, während die Beine ihre Position beibehalten. Das Gesäß liegt direkt über dem Sattel.

Was tun wenn …

… das Pferd vor dem Sprung stehen bleibt?
Vermutlich hatte es nicht genug Tempo, weil der Reiter nur halbherzig getrieben hat. Beim nächsten Versuch gilt es, energisch vorwärts zu reiten.

… das Pferd zu schnell wird?
Pferde heizen sich bei einer beherzten Reitweise manchmal im Parcours auf. Kleine Hindernisse sind bei hohem Tempo kein Problem, bei höheren Hindernissen wird der Sprung aber schnell zu flach. Hier heißt es, nach dem Sprung das Tempo durch halbe Paraden einzufangen und kontrolliert, aber trotzdem energisch auf das nächste Hindernis zuzureiten.

… das Pferd zu flach springt?
Springt ein Pferd zu flach, dann hat es vor dem Sprung keine Last mit der Hinterhand aufgenommen. Es war entweder zu schnell, „auseinandergefallen" oder der Reiter hat den Absprungpunkt falsch taxiert.

Die Landung ist für Reiter und Pferd am schwierigsten: Das Pferd muss mit den Vorderbeinen sein eigenes und das Gewicht des Reiters abfangen. Deshalb darf der Reiter dem Pferd nicht ungebremst in den Rücken krachen. Vielmehr muss er den Schwung sanft auffangen und mit der Schwerpunktverlagerung den Oberkörper zurücknehmen. Anschließend muss er das Tempo wieder „einfangen".

Bei den ersten Springversuchen über niedrige Hindernisse kann der Reiter sich zur Sicherheit noch mit einer Hand in der Mähne festhalten. Auch wenn die Stangen klappern oder fallen, heißt es aber, beherzt weiterzureiten. Wer zurückblickt, kann sich nicht auf das nächste Hindernis vorbereiten und konzentrieren. Die Fehleranalyse findet erst am Ende des Parcours statt.

Springgymnastik fördert Reiter und Pferde. Sie schult zwischen den Hindernissen das rhythmische Galoppieren und die Reaktionsfähigkeit. Gymnastikreihen mit mehreren Hindernissen fördern die Durchlässigkeit. Fließende Bewegungen entstehen durch sogenannte In-Out-Reihen ohne Galoppsprung zwischen den Hindernissen. Hierfür müssen die Distanzen immer auf die Länge des Galoppsprungs des jeweiligen Pferdes angepasst werden, um Verletzungen zu vermeiden.

Einmaleins der Hindernisse

Steilsprünge	Die Hindernisteile sind übereinander aufgebaut. Üblich sind Stangen, Planken, Mauern, Gatter, Gartenzäune oder Palisaden.
Oxer	Der Hochweitsprung besteht aus mehreren hintereinander gebauten Steilsprüngen oder Hindernisteilen. Das hinterste Teil besteht lediglich aus einer Stange.
Tripplebarre	Der klassische Hochweitsprung ist treppenartig aus gleichen Hinderniselementen oder verschiedenen hintereinander aufgestellten Steilsprüngen gebaut.
Weitsprünge	Feste oder transportable Wassergräben. Sie sind meist aus Folie angelegt.
Natursprünge	Baumstämme, Hecken, (überbaute) Gräben oder ein Wall

Der italienische Kavallerieoffizier Federico Caprilli gilt als Schöpfer des modernen Springstils. Statt mit starker Versammlung auf ein Hindernis zuzureiten, förderte er den natürlichen Vorwärtsdrang des Pferdes.

In der Schwebephase wird der Rücken des Pferdes entlastet. Der Reiter geht in der Bewegung des Pferdes mit und ist mit ihm im Gleichgewicht. Sein Oberkörper geht nach vorne, die Unterschenkel bleiben aber am Platz.

Höhenflüge und tiefe Täler

Viele Reiter lernen in relativ kurzer Zeit, sich sicher auf dem Pferd in allen Gangarten zu bewegen. Um jedoch so fein zu reiten, dass ein Pferd auch langfristig mit Freude und bei guter Gesundheit mitarbeitet, bedarf es viel Zeit mit intensivem Training, in der die Entwicklung mal schneller, mal langsamer vorangeht. Immer wieder gibt es aber Phasen, da scheint auch einem fortgeschrittenen Reiter nichts mehr zu gelingen.

Der Weg zum guten Reiter verläuft auch bei talentierten Menschen holprig. Während sich der Erfolg am Anfang meist rasch einstellt und der Anfänger sich nach kurzer Zeit sicher im Sattel fühlt, folgen später immer wieder Phasen, die scheinbar Stillstand oder Rückschritt bedeuten. Der Reitlehrer kritisiert wieder Anfängerfehler und das sichere Gefühl auf dem Pferd geht verloren. Die ersten Stürze liegen vielleicht hinter dem Reiter und so mancher fragt sich plötzlich, ob er den richtigen Sport gewählt hat. Das ist jedoch normal und ganz und gar kein Grund, die Reitstiefel an den Nagel zu hängen. Vielmehr ist nun Motivation von außen gefragt.

Stillstand in der Entwicklung kann viele Ursachen haben. Der Reiter verkrampft sich beispielsweise, weil er beginnt, sein Tun zu hinterfragen. Er reitet vermehrt mit dem Kopf anstatt mit dem Hintern. Vielleicht ist er auch körperlich, konditionell oder feinmotorisch im Augenblick zu keinen höheren Leistungen in der Lage.

Erfolge im sportlichen Wettbewerb können motivieren. Sehr ehrgeizige Typen laufen aber auch Gefahr, Schleifen und Pokale zum Maß aller Dinge zu machen und die kleinen Freuden und Fortschritte im Reiteralltag aus den Augen zu verlieren.

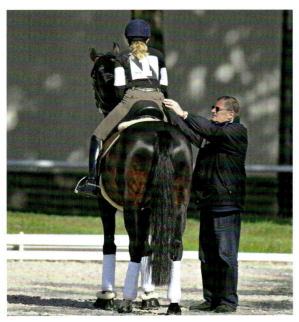

Bei Entwicklungsstillstand in der Reitstunde hilft oft Einzelförderung. Manchmal sind einzelne Reiter in einer bestehenden Gruppe auch unterfordert und wachsen mit anspruchsvollerem Einzelunterricht über sich hinaus.

Reitlehrer können betriebsblind sein

Wer über mehrere Wochen keinen Fortschritt spürt und den Unterricht als langweilig und wenig hilfreich empfindet, sollte den Reitlehrer auf sein Problem aufmerksam machen. Denn wer Tag für Tag in der Bahnmitte steht und unterrichtet, der sieht manchen immer gleichen Fehler bei Reiter und Pferd irgendwann nicht mehr. Ein Wochenendkurs bei einem anderen Trainer bewirkt hier oft Wunder und zeigt neue Wege. Auch Schnuppern bei alternativen Unterrichtsformen, ein mehrtägiger Wanderritt oder Urlaub auf dem Pferd erzeugen oft einen Motivationsschub.

Hin und wieder sind aber auch die (Schul-)Pferde der Grund für den Stillstand. Haben sie eine schlechte Ausbildung oder körperliche Beeinträchtigungen, kann man sich im Unterricht die Zähne ausbeißen, ohne dass es weitergeht. Hier ist vielleicht auch ein Reitschul- oder Pferdewechsel angesagt.

Wer körperlich an die eigene Grenze stößt, kann sich mit Ausgleichssport neue Ziele erschließen.

Motivationslöcher entstehen häufig auch dann, wenn Ziele fehlen oder die eigenen Ansprüche dauerhaft unerfüllt bleiben. Wer weiß, was er will, Reiten im Sport, lässig zum Vergnügen oder auf hohem Niveau, wird seinen Weg zielstrebiger verfolgen als ein Reitschüler, der keinen Plan von seiner reiterlichen Zukunft hat. Hier helfen Besuche bei Pferdemessen, einer Show-Vorführung oder einem Turnier, die Lust auf mehr zu wecken.

Reitpausen

Wer im Motivationsloch steckt, muss nicht gleich aufgeben. Das ist normal, schließlich sucht man in der Freizeit ja auch Erfolgserlebnisse. Bleiben diese aus und der Frust nimmt zu, hilft vielleicht erst mal eine Pause. Wer vom Reitsport wirklich begeistert war, ist nach wenigen Wochen schon wieder richtig heiß darauf, in den Sattel zu kommen. In dieser Zeit löst sich so manche Blockade im Kopf von selbst und die Probleme, die vorher unüberwindbar schienen, sind verschwunden. Keine Angst: Wer für ein paar Wochen, vielleicht auch Monate, nicht aufs Pferd steigt, verlernt keineswegs das Reiten. Das Comeback wird allenfalls von einem Muskelkater begleitet. Nach ein paar Stunden ist man wieder sicher und schmerzfrei dabei.

Neuen Schwung bringt dem fortgeschrittenen Reiter oft der Weg in die „Selbstständigkeit": Eine Reitbeteiligung oder ein eigenes Pferd und das Gefühl, sein eigener Herr über Zeit und Pferd zu sein, beflügeln viele, neue Ziele in Angriff zu nehmen und mit weiterem Training zu erreichen. Diese Aussicht, auf richtig guten Vierbeinern die Reitkunst zu erschnuppern, setzt neue Energien frei.

Wer sich selbst mit zu hohen oder unerreichbaren Zielen sehr unter Druck setzt, verliert leicht den Spaß, weil er keinen Blick mehr für die kleine Fortschritte hat. Hier hilft eine Auszeit mit entspannten Ausritten.

Reit-Know-how mit Brief und Siegel

Der erste Meilenstein im Reiterleben ist das Reitabzeichen, mit dem der fortgeschrittene Einsteiger sein Können beweisen kann. Das Reitabzeichen ist aber auch die Voraussetzung für Turnierstarts. Auf der einfachsten Stufe muss der Reiter leichte Aufgaben im Dressurviereck und im Springparcours bewältigen. Außerdem wird theoretisches Wissen rund um das Pferd abgeprüft.

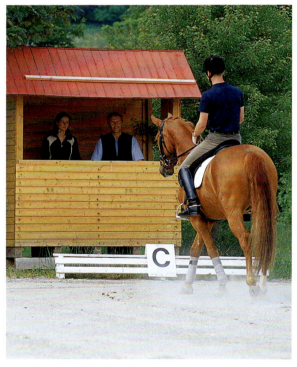

Bei der Reitabzeichenprüfung stellt sich der Reitschüler das erste Mal dem kritischen Blick der Prüfer. Dafür bekommt er ein neutrales Feedback über seinen Leistungsstand.

Das Reitabzeichen ist nicht nur etwas für sportlich ehrgeizige Reiter, die sich damit die Startberechtigung für Turnierprüfungen erwerben wollen. Nach einer mehr oder weniger langen und intensiven Zeit des Reitens bieten vor allem die Vorbereitungslehrgänge auf das Reitabzeichen für viele Reiter die Gelegenheit, viel theoretisches Wissen rund um das Pferd, seine Bedürfnisse, die Haltung und Pflege zu erwerben. All das sind Themen, mit denen man in aller Regel erst als Reitbeteiligung oder gar Pferdebesitzer konfrontiert wird, die aber notwendig sind, um ein Pferd zu verstehen und verantwortungsvoll und sachkundig zu behandeln.

Motivation durch Abzeichen

Abzeichenprüfungen bieten die Deutsche Reiterliche Vereinigung (FN) und alle ihr angeschlossenen Verbände der Western-, Gangpferde- und Wanderreiter an. Sie sind in der jeweiligen Ausbildungsprüfungsordnung (APO) und deren Anhang geregelt.

Der Basispass Pferdekunde ist nach den Vorschriften der Deutschen Reiterlichen Vereinigung in jedem Fall Voraussetzung für den Erwerb der Reitabzeichen 5 und höher, wenn nicht die Abzeichen 6 oder 7 abgelegt wurden.

Basispass Pferdekunde

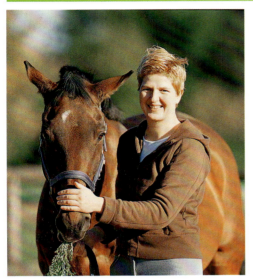

Die Prüfung zum Basispass Pferdekunde wird in vielen Reitvereinen oder Reitschulen angeboten. Ein Vorbereitungslehrgang lohnt sich.

Im praktischen Prüfungsteil steht der sichere Umgang mit dem Pferd im Mittelpunkt: Hierzu gehört das Führen, Vorführen und Anbinden eines Pferdes. Das Pferd muss an anderen Pferden vorbeigeführt werden und sachkundig auf der Weide oder auf dem Paddock losgelassen werden. Die Pferdepflege und das richtige Bandagieren schließt das Prüfungswissen ebenso ein wie korrektes Satteln und Auftrensen. Der Prüfling soll Pferdeverhalten richtig erkennen und ein Pferd sicher verladen.

Im theoretischen Teil werden Fragen zu Pferdeverhalten, dem artgemäßen Umgang mit dem Pferd, der Fütterung, Pferdegesundheit und Haltung gestellt.

Wer die Prüfung erfolgreich bestanden hat, erhält ein Abzeichen und eine Urkunde. Noten werden nicht vergeben.

In den einzelnen Reitabzeichenprüfungen, beginnend beim leichten RA 5 bis zum schwersten RA 1, bauen die vertieften theoretischen Kenntnisse über Haltung, Umgang, Ausrüstung, Pflege und Reiten auf das Basiswissen auf.

Kinder und Einsteiger können zur Motivation Prüfungen für die Reitabzeichen 10 bis 6 ablegen. Leistungsabzeichen gibt es auch im Wander-, Jagd-, Gelände- und Distanzreiten. Die Reitabzeichen im Springen, Geländereiten und in der Dressur der Klassen RA 5 bis RA 3 können nur als Prüfung, die Klassen RA 2 und RA 1 durch Prüfung und Turniererfolge erworben werden. Die höchste Auszeichnung, das Goldene Reitabzeichen, wird nach Erfolgen in Springen oder Dressur der Klasse S verliehen.

Ab dem RA 5, für das man erstmals auch Noten bekommt, muss man Mitglied in einem Reitverein sein. Mit diesem Abzeichen kann man eine Jahresturnierlizenz zur Teilnahme an LPO-Turnierprüfungen beantragen.

Zwischen den einzelnen Abzeichen RA 5 bis RA 1 müssen mindestens 3 Monate liegen.

Wer vermehrt auf Turnieren reiten möchte, muss ab einem bestimmten Niveau über gewisse Reitabzeichen verfügen, um starten zu dürfen.

Für den Basispass werden Kenntnisse im Umgang mit dem Pferd geprüft. Dieses Wissen hilft, Unfälle zu vermeiden und steuert leichtsinnigem Verhalten entgegen.

Der erste Turnierstart

Die Teilnahme an einem kleinen Turnier ist ein erster sportlicher Meilenstein im Reiterleben und nicht nur etwas für besonders ehrgeizige Pferdefreunde. Schließlich bietet eine einfache Reiterprüfung eine gute Gelegenheit, um zu sehen, wo man steht. Das Urteil unabhängiger Turnierrichter kann auch Leitfaden und „Hausaufgabenheft" für die zukünftige Reitausbildung sein. Ein Turnier verspricht neben dem sportlichen Wettbewerb aber auch Geselligkeit.

Gute Reitschulen bieten ihren Schülern die Möglichkeit, auf den Schulpferden an kleineren Turnieren in der Nähe teilzunehmen. Mancherorts können Schüler aber auch auf Privatpferden am Hof ihre ersten Lorbeeren verdienen.

Neben den reiterlichen Fähigkeiten, die bis zum ersten Start natürlich Turnierniveau haben müssen, sind auch einige organisatorische Dinge zu beachten.

Startberechtigung für Reiter und Pferd

Pferde, die auf Turnieren starten, brauchen seit dem Jahr 2000 einen Equidenpass. In ihm müssen die für den Start notwendigen Impfungen gegen Influenza vom Tierarzt eingetragen sein. Zum Turnier muss das Pferd gesund sein und aus einem Stall mit ebenso gesunden Pferden kommen. Außerdem muss das Pferd bei der FN (Deutsche Reiterliche Vereinigung) oder dem jeweils zuständigen Verband als Turnierpferd registriert sein.

Für die Teilnahme an einem Turnier muss der Reiter Mitglied in einem Reitverein sein. Damit ist er auch auf dem Turnierplatz durch den entsprechenden Sportbund unfallversichert. Außerdem

Im Turniersport gibt es auch immer wieder neue Kleidungsvorschriften, die beachtet werden müssen.

Ob Turnierstart oder nicht: Jedes Pferd muss durch einen Equidenpass eindeutig identifizierbar sein.

Bei Turnieren ist es hilfreich, Helfer zu haben, die sich zum Beispiel um die Anmeldung kümmern.

laden Ausrichter immer komplette Reitvereine zu Turnieren und Veranstaltungen ein. Die Turnierausschreibungen mit allen wichtigen Angaben zu Prüfungen, Nennschluss etc. findet man in den Zeitschriften der Pferdesport- und Pferdezuchtverbände der jeweiligen Länder. Western- und Gangferdeverband richten eigene Turniere aus.

Gut vorbereitet ist halb gewonnen

Aufregung, Anspannung oder sogar ein bisschen Panik vor dem Start ist völlig normal und plagt selbst manchen routinierten Schleifensammler. Darum ist die sorgfältige Vorbereitung wichtig. Am besten packt man alles Equipment, das mit muss, in zwei Kisten: eine für den Reiter und eine fürs Pferd. In die Reiterkiste kommen eine Ersatzreithose, eine Trainingshose, die man am besten zwischen den Prüfungen über der weißen Turnierhose trägt, damit diese nicht schmutzig wird, der Helm, Gerte, Sporen und das Turniersakko. Turnierhose und Sakko kann man sich für die erste Prüfung sicher auch leihen. Beides sollte jedoch nicht erst am Abend vor dem Turnier eintreffen und rechtzeitig gereinigt werden.

> ### Zugangsvoraussetzungen für Turnierprüfungen
>
> Dressur-, Spring- und Vielseitigkeitsprüfungen werden je nach Schwierigkeitsgrad in die Klassen E = Eingangsstufe, A = Anfänger, L = leicht, M = mittelschwer und S = schwer eingeteilt. Wer in Leistungsprüfungen, zum Beispiel der Klasse E oder A, an den Start gehen möchte, braucht dafür einen Reitausweis. Voraussetzung dafür ist, dass man mindestens das RA 5 hat.

Die Pferdekiste enthält das Putzzeug für den Feinschliff, außerdem eine kleine Pferdeapotheke für den Notfall. Bandagen, Gamaschen, Glocken oder Ballenboots bei Gangpferdeturnieren, aber auch Abschwitz- und Transportdecken und -gamaschen und die Ersatzgummis für die eingeflochtene Mähne kommen hier hinein. Den geputzten Sattel und die Trense legt man daneben.

Vor dem Start hat man sich natürlich erkundigt, welche Regeln für die Ausrüstung gelten. In Turnierprüfungen sind nämlich nicht alle Gebisse oder Hilfszügel zugelassen, die man im Unterricht verwendet.

In der Ruhe liegt die Kraft

In der Aufregung eines Turniers geht manches nicht so schnell von der Hand. Das überträgt sich leicht auf das Pferd, und ein zappliger Vierbeiner ist im Umgang schwierig. Deshalb wird das Pferd schon am Tag vor der Prüfung gründlich geputzt, Schweif und Mähne gewaschen und die Mähne eingeflochten. Auch das Equipment richtet man im Voraus. Man klärt, wer das Pferd um welche Zeit zum Turnier transportiert. Zum Verladen kommt man nicht auf den letzten Drücker, sondern erledigt das mit erfahrenen Helfern in aller Ruhe.

Für das Turnier besorgt man sich am besten einen zuverlässigen „Turniertrottel". Diese Stelle ist eine echte Auszeichnung: Ohne einen guten „TT" läuft nämlich nichts. Er erledigt Botengänge zur Meldestelle, zur Pommesbude oder organisiert im Notfall Turnierschmied oder Tierarzt. Außerdem beruhigt er Mensch und Tier und hält das Pferd, während der Turnierneuling sich vorbereitet, umzieht oder den Parcours besichtigt. Er behält den Überblick über den Zeitplan und die Übersicht auf dem Abreiteplatz. Vor der Prüfung übernimmt er Decken, Bandagen und Kleidungsstücke. Und hinterher darf er als Erster gratulieren!

Raus in die Natur

Ein Ausritt in die Natur ist für viele Reitschüler ein echtes Highlight, das sie in vollen Zügen genießen. Hier können sie die Seele baumeln lassen, vorausgesetzt, das Pferd ist auch geländesicher. Doch anders als die Lektionen der Reitbahn hält das Reiten im Gelände andere, nicht weniger schwierige Aufgaben bereit, die Geschicklichkeit und harmonische Zusammenarbeit vom Pferd-Reiter-Paar fordern.

Geländereiten schult die Balance des Reiters. Doch für die nötige Geländereife muss er das Pferd sicher unter Kontrolle haben und auch bei kleinen Hüpfern nicht gleich in „Wohnungsnot" geraten.

Das Bergauf und Bergab fördert Schenkellage und Knieschluss. Später können auch kleinere Hindernisse einen Ausritt beleben. Das Pferd darf im Gelände in Dehnungshaltung laufen, um sich auf dem anspruchsvolleren Untergrund ausbalancieren zu können, jedoch mit steter und weicher Anlehnung. Mit zu langen Zügeln hat man schlechte Karten, wenn ein Pferd erschrickt und losrennt.

Rücksichtsvoller Umgang mit der Natur

Reiter sind Gäste in der Natur. Das bedeutet Rücksicht auf die Tier- und Pflanzenwelt, aber auch auf andere Besucher wie Spaziergänger, Radler und Jogger zu nehmen. Man sollte nie vergessen, dass so mancher Angst vor „frei laufenden" Pferden hat. Mitmenschen werden grundsätzlich im Schritt passiert und auch von hinten wird nicht im hohen Tempo bis auf Fersenhöhe aufgeritten.

Beim Vorbeireiten an Engstellen könnten sich nicht nur die Zweibeiner, sondern auch das eigene Pferd bedrängt fühlen. Möglicherweise verschafft

Endlich raus ins Gelände. Hier entwickelt sogar manch faules Schulpferd Pep und Vorwärtsdrang. Richtig Spaß macht es auf dem eigenen oder einem Reitbeteiligungspferd, sein eigener Herr zu sein.

Die zwölf Gebote für das Reiten im Gelände

1 Verschaffe deinem Pferd täglich ausreichend Bewegung unter dem Sattel und möglichst auch auf Weide oder im Paddock.
2 Gewöhne dein Pferd behutsam an den Straßenverkehr und das Gelände.
3 Vereinbare alle Ausritte mit Freunden – in der Gruppe macht es mehr Spaß und ist sicherer.
4 Sorge für ausreichenden Versicherungsschutz für dich und das Pferd; verzichte beim Ausritt nie auf den Reithelm.
5 Kontrolliere täglich den verkehrssicheren Zustand von Zaumzeug und Sattel.
6 Informiere dich über die gesetzlichen Regelungen für das Reiten in Feld und Wald in deiner Region.
7 Reite nur auf Wegen und Straßen, niemals querbeet und meide ausgewiesene Fuß-, Wander- und Radwege, Grabenböschungen und Biotope.
8 Verzichte auf einen Ausritt oder nimm Umwege in Kauf, wenn Wege durch anhaltende Regenfälle weich geworden sind und passe dein Tempo dem Gelände an.
9 Begegne Fußgängern, Radfahrern, Reitern, Gespannfahrern und Kraftfahrzeugen immer nur im Schritt und sei freundlich und hilfsbereit zu allen.
10 Melde unaufgefordert Schäden, die einmal entstehen können, und regle entsprechenden Schadenersatz.
11 Spreche mit Reit- und Fahrkollegen, die gegen diese Regeln verstoßen.
12 Du bist Gast in der Natur und dein Pferd bereichert die Landschaft, wenn du dich korrekt verhältst.

Quelle: FN

es sich dann mit einem Huftritt Luft. Hier gilt: Einer nach dem anderen. Ein freundlicher Gruß sollte immer drin sein. Schnell entsteht sonst der Eindruck, auf dem „hohen Ross" zu sitzen.

Geritten wird dem örtlich gültigen Recht entsprechend auf Reitwegen oder breiteren Forststraßen. Schmale Wanderpfade oder Wildwechsel sind tabu. Schließlich sollen weder Wanderer noch das Wild in Angst und Schrecken versetzt werden. Auch wenn die Pferden nachgesagten Schäden an Waldwegen denkbar gering sind, sollte man die befestigten Teile des Weges benutzen. Auf Feldern haben Reiter in der Zeit zwischen Aussaat und Ernte so wenig verloren wie auf Wiesen und Weiden während der Wachstumszeit und Nutzung.

So reizvoll der schnelle Galopp auf gelben Stoppelfeldern auch sein mag: Nach längerer Trockenheit sind Mauselöcher eine tückische Gefahr für Pferdebeine. Im einfachsten Fall tritt sich das Pferd ein Eisen ab, aber im schlimmsten Fall zerrt es sich eine Sehne. Der Reiter muss im Gelände deshalb mit besonderer Sorgfalt den Untergrund taxieren und rasch reagieren.

Anpassung ist gefragt

Ob Schritt, Trab oder Galopp richtet sich im Gelände nach verschiedenen Kriterien: Auf geteerten und betonierten Wegen wird aufgrund der Rutschgefahr und aus Rücksicht auf Bänder, Sehnen und Gelenke des Pferdes ausschließlich Schritt geritten.

Sind geschotterte Wege nach längeren Regenfällen durchgeweicht, ist auch hier Schritt angesagt. Sind sie angetrocknet und federn noch, darf es gerne auch schneller sein. Auf Wiesenwegen muss man auf ausgespülte Mauselöcher, Furchen und Matschlöcher achten. Leicht kann sich das Pferd hier den Fuß vertreten.

Das Tempo richtet sich vor allem in der Gruppe nach dem schwächsten Reiter. Es ist besser, ruhig zu reiten und bereit zum Durchparieren zu sein, als dass ein Pferd ins Rennen kommt und die ganze Gruppe mitreißt.

Für regelmäßige Ritte im Gelände brauchen Pferde oft einen Hufschutz. Das können Eisen- oder Kunststoffbeschläge sein. Aber auch Hufschuhe schützen vor übermäßigem Abrieb.

Verkehrsschilder für Reiter

Für Reiter ist die Beschilderung von Straßen und Wegen bindend. Während das „Verbot für Fahrzeuge aller Art" (rund mit rotem Rand auf weißem Grund) nicht für Reiter gilt, signalisiert das gleiche Schild mit einem schwarzen Reiter ein Reitverbot. Ein weißer Reiter auf einem runden blauen Schild zeigt dagegen einen Reitweg.

Meist kennzeichnen die örtlichen Forstbehörden ihre Reitwege mit eigenen Zeichen – zum Beispiel mit kleinen Schildern mit Pferdeköpfen oder aufgesprühten Pferdeköpfen an Baumstämmen entlang der Reitwege.

Hindernisse im Gelände

Hindernisse im Gelände sind vielfältig. Die wenigsten davon müssen übersprungen werden. Doch anders als auf dem Reitplatz und in der Halle bietet die Natur Reiten in drei Dimensionen: Gewässer mit unbekannter Tiefe, steile Böschungen oder sogar mal eine Treppe fordern vom Pferd Gleichgewicht und Trittsicherheit, vom Reiter ein feines Gespür für die Hilfen.

Rauf und runter

Nicht nur in hügeligem oder bergigem Gelände müssen Reiter sicher bergauf und bergab unterwegs sein. Auch im Flachland kommt der Reiter mal an eine Böschung oder einen Graben. Dann heißt es gut sitzen und dem Pferd Halt geben und den nötigen Freiraum zur Erfüllung seiner Aufgabe lassen.

Zum Bergaufreiten entlastet der Reiter durch leichtes Anheben seines Gesäßes aus dem Sattel den Rücken des Pferdes. Die Hinterhand mit dem „Pferdemotor" kann so leichter arbeiten. Die Hände hält er etwas tiefer, gibt dem Pferd mehr Zügel und verlagert das Gewicht leicht nach vorne. An steilen Anstiegen wollen viele Pferde Schwung holen und

Bergauf entlastet der Reiter die schiebende Hinterhand und den Rücken durch den leichten Sitz. Bergab entlastet er die Vorhand durch einen aufrechten Sitz.

126

wählen von selbst Trab oder Galopp. Hat man ausreichend Abstand zum Vorausreitenden, kann man sie ruhig gewähren lassen. Zum Klettern extrem steiler Anstiege neigt der Reiter den Oberkörper deutlicher nach vorne. Die Beine dürfen mit dem gesamten Reitergewicht im Bügel jedoch nicht zu weit nach hinten kommen, sonst besteht die Gefahr, dass die Steigbügelschlösser sich ungewollt öffnen und der Reiter die Bügel mit den Steigbügelriemen verliert.

Zum Bergabreiten entlastet der Reiter durch einen aufrechten Sitz die Vorhand. So verhindert man, dass das Pferd die Balance verliert, stolpert und stürzt. Die Verlagerung des Gewichts nach hinten wirkt auf die Hinterhand, in der nicht nur der Antrieb, sondern auch die Bremse des Pferdes liegt. Steile Auf- und Abstiege reitet man grundsätzlich in der Falllinie. Ließe man das Pferd quer zum Hang hinauf- und hinabklettern, könnte es rutschen, das Gleichgewicht verlieren und mit dem Reiter stürzen.

Kleine Sprünge zum Vergnügen

Wer sicher im Sattel sitzt und schon die ersten Sprünge in der Reitbahn erfolgreich absolviert hat, findet schnell Vergnügen an kleinen Hindernissen wie Baumstämmen und Gräben im Gelände. Hier gilt jedoch immer: Wer springt, muss wissen, was ihn hinter dem Hindernis erwartet. Deshalb sollte man nie im flotten Galopp auf unbekannten Wegen über Hindernisse setzen. Sie könnten viel größer sein, als auf den ersten Blick gesehen, und die Fähigkeiten von Pferd und Reiter übersteigen.

Anders als Hindernisse im Springparcours erlauben die meisten Geländehindernisse keine Fehler. Bei Unsicherheiten rät die Vernunft zum Umreiten.

Mit Pferd ins Wasser ist ein Riesenspaß an heißen Sommertagen. Dem Equipment zuliebe sollte man aber auf tiefe Stellen verzichten oder vorher absatteln.

Auch Löcher und rutschige Aufsprungstellen können hinter dem Hindernis versteckt sein. Zwischen den Sprüngen sollte ausreichend Abstand sein, um das Pferd wieder in kontrolliertes Tempo zurückzuholen, denn allzu gern lassen sich die Vierbeiner vor allem in der Gruppe zur Rennerei hinreißen.

Rein ins nasse Vergnügen

Wasserdurchritte sind nicht alltäglich und für viele Pferde ein Grund zur Aufregung. Sind die Füße aber erst mal drin, folgt meist eine vergnügte Planscherei mit wild schlagenden Vorderbeinen. Vorsicht: Manche Pferde legen sich begeistert ab!

Am leichtesten ist die Durchquerung von Wasser in der Gruppe, wenn ein erfahrenes Pferd vorangeht. Man sucht eine flache Stelle und reitet resolut und gerade auf das Wasser zu. Wer Gewässer mit unbekannter Tiefe durchquert und sich auf Schwimmen einrichten muss – keine Panik, Pferde können das –, schlägt die Bügel hoch und fixiert sie am besten zusätzlich. Die Zügel werden an der mittigen Schnalle geöffnet, damit das Pferd nicht versehentlich während der Schwimmbewegungen in die Schlaufe tritt. Der Reiter lässt sich aus dem Sattel auf eine Seite gleiten. Die Zügel hält er so in der Hand, dass das Pferd sich strecken kann. Mit der anderen Hand greift er in die Mähne und lässt sich durch das Wasser ziehen. Spürt er festen Boden unter den Füßen kann er sich wieder in den Sattel ziehen oder aber neben dem Pferd herauslaufen.

Schwimmen mit Pferden ist ein herrlicher Sommerspaß. Aber Achtung, ein nasses Pferd schüttelt sich wie ein nasser Hund das Wasser aus dem Fell – ohne Rücksicht auf seinen Reiter.

Ausritte in der Gruppe

Ausritte in lustiger Gesellschaft machen Spaß. Auch Pferde begeistern sich für die Abwechslung vom oft langweiligen Bahnalltag. Sie werden draußen dann richtig munter. Reitschulen und Reiterhöfe bieten in landschaftlich reizvollen Gegenden geführte Ausritte in größeren Gruppen an. Wer ausreichend sattelfest ist, findet hier eine Menge Spaß unter Gleichgesinnten, vorausgesetzt, er berücksichtigt ein paar Regeln zum friedlichen Miteinander von Mensch und Pferd.

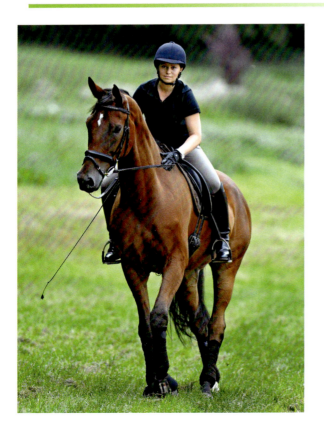

Rücksichtnahme

Beim gemeinsamen Ausritt ins Gelände ist Rücksicht aufeinander das oberste Gebot. Der schwächste Teilnehmer und das jüngste Pferd bestimmen Tempo und Länge des Rittes. Wer noch nicht lange im Sattel sitzt und einen Reiturlaub oder einen mehrstündigen Ausritt plant, sollte sich jedoch der Fairness halber vorher nach den Anforderungen erkundigen und routinierten Reitern nicht den Spaß verderben, wenn die Ansprüche an Kondition, Reittempo und Geländeanforderungen die eigenen Fähigkeiten übersteigen.

Eine größere Gruppe wählt einen erfahrenen, weg- und kartenkundigen Reiter, der auf einem sicheren Pferd die Gruppe anführt. Besonders im Straßenverkehr ist seinen Anweisungen ohne Diskussion Folge zu leisten. Meist reiten schwächere Teilnehmer am Ende der Gruppe, weil Pferde hier

Reiter sind selten allein im Gelände. Oft werden sie von anderen Waldbenutzern mit Argwohn betrachtet. Wer sich jedoch rücksichtsvoll verhält, Ge- und Verbote einhält, die Wege schont und das Wild nicht bewusst aufscheucht, trägt zu einem positiven Image des Reitens bei.

Schritt reiten und Abstand halten ist oberstes Gebot bei der Begegnung mit anderen Waldnutzern.

Wer trödelt und dann wieder auftrabt, nervt nicht nur die hinter ihm Reitenden, sondern bringt auch gehörig Nervosität und Unruhe in die Gruppe. Deshalb gilt auch beim Ausritt: nicht träumen, sondern im Gruppentempo zügig vorwärts reiten. Pferde mit hohem Schritttempo laufen am besten vorne, Trödler im hinteren Teil des Feldes.

Pferde, die nur schlecht in der Gruppe laufen und nach anderen treten, müssen mit einer roten „Warnschleife" im Schweif ans Ende verbannt werden.

Wem doch mal im schnelleren Tempo der Gaul durchgeht, der sollte versuchen, mit Ab-(An-)Stand an den anderen vorbeizukommen und an geeigneter Stelle durchzuparieren. Diese Stelle ist aber ganz sicher nicht die Pobacke des Vorderpferdes! Wer andere bedrängt, riskiert nicht nur, dass die seitlich und vorauslaufenden Pferde durch das eigene getreten werden, sondern auch wüste Beschimpfungen und Huftritte der Opfer.

oft ruhiger laufen, als wenn ein Pulk von hinten drückt. Auch sie sollten von einem routinierten Reiter begleitet werden, der die Gruppe zusammenhält.

Kommandos, die auf Gangartenwechsel oder andere Verkehrsteilnehmer hinweisen, müssen laut und deutlich nach hinten oder vorne durchgegeben werden. Geritten wird meist zu zweit mit einer guten Pferdelänge Abstand. Bei Gegenverkehr fädeln sich die Reiter zügig hintereinander ein. In flotteren Gangarten sollte man den längeren Bremsweg, den auch ein Pferd hat, bei überraschendem Gegenverkehr oder Hindernissen berücksichtigen.

Dringende Bedürfnisse

Pferde können problemlos beim Laufen äpfeln. Daran sollten sie gewöhnt sein, wenn man in der Gruppe unterwegs ist. Pferde, denen man gestattet, zum Äpfeln stehen zu bleiben, werden sonst auch im hohen Tempo unvermittelt die Notbremse ziehen und zwangsläufig sich und die überraschten Hinterleute in Gefahr bringen.

Urin wollen Pferde nur im Stehen auf weichem Boden absetzen. Deshalb sucht man auf langen Ritten in regelmäßigen Pausen ein geeignetes Plätzchen und lockert gegebenenfalls den Sattelgurt um ein bis zwei Löcher.

Die Notbremse

In der Gruppe heizen sich Pferde im Trab und Galopp häufig auf. Das führt dann leicht zu wilder Rennerei. Wer Probleme mit dem Tempo oder Temperament seines Pferdes bemerkt, meldet das am besten sofort nach vorne an den Rittführer, damit der das Tempo drosselt.

Geht das Pferd durch, dann sollte man sich an die Lektion der ganzen Paraden erinnern: Im leichten Sitz mit bis zu den Ohren angezogenen Zügeln wird kein Pferd stoppen, sondern im Gegenteil vor Schmerz im Maul eher noch schneller werden. Jetzt heißt es hinsetzen, tief durchatmen und die Zügel in kurzer Folge annehmen und – wichtig – wieder nachgeben.

In offenem Gelände kann es helfen, Kreise zu reiten, die immer kleiner werden. Dabei darf man aber den äußeren Zügel nicht vergessen, sonst rennt das Pferd, wenn auch sehr verdreht, über die Schulter geradeaus weiter.

Sicher im Straßenverkehr

Vor allem auf längeren Geländeritten müssen Reiter immer wieder Straßen passieren. Das Reiten im Straßenverkehr erfordert vom Reiter besondere Disziplin und Kontrolle über das Pferd. Manche Autofahrer verhalten sich unsicher, aber auch rücksichtslos und fahren dicht an die Tiere heran. Pferde werden im Straßenverkehr wie Fahrzeuge behandelt und müssen die Fahrbahn benutzen. Außerdem müssen sie bei Dunkelheit ausreichend beleuchtet sein.

An Straßen reitet eine kleine Zahl Reiter einzeln hintereinander am rechten Fahrbahnrand. Dabei beträgt der Abstand maximal eine Pferdelänge. Eine große Gruppe wird sich in mehrere Verbände aufteilen und die Reiter werden zu zweit nebeneinander reiten. Die Länge eines solchen Verbandes sollte 25 Meter nicht überschreiten, das entspricht sechs Reiterpaaren. Zwischen den Verbänden sollte der Abstand ebenfalls 25 Meter betragen, um Autos das Überholen zu ermöglichen. Der Verband darf von anderen Verkehrsteilnehmern nicht getrennt werden. Selbst wenn eine Ampel hinter den ersten Pferden auf Rot schaltet, reiten die restlichen Mitglieder dieser Gruppe noch über die Kreuzung.

Bei Nacht und Nebel

Pferd und Reiter müssen bei Dunkelheit oder schlechten Sichtverhältnissen auf öffentlichen Straßen und Wegen ausreichend beleuchtet sein. Hierfür tragen sie am besten Stiefellampen, die nach vorne weiß und nach hinten rot leuchten. Helmlampen sind zu hoch angebracht und blenden Autofahrer. Zur Ergänzung können Pferde Gamaschen und Decken, die Reiter Westen mit reflektierendem Material tragen. In der Gruppe muss wenigstens der vordere Reiter eine weiße Lampe, der letzte eine rote Lampe haben.

Diszipliniertes Verhalten in der Gruppe ist besonders im Straßenverkehr gefordert. Man darf sich keinesfalls blind auf die Rücksicht anderer Verkehrsteilnehmer verlassen.

Straßen richtig überqueren

Um eine Straße von einem Feld- oder Forstweg zum gegenüberliegenden zu überqueren, sammelt sich eine kleine Gruppe Reiter nebeneinander an der Einmündung. Hat der Letzte aufgeschlossen, wartet man eine Lücke ab, die groß genug ist, um ohne Hektik die Straße zu überqueren. Ist frei, gibt ein Reiter das Kommando und alle starten im zügigen Schritt oder Trab auf die andere Seite.

Mit einer großen Reitergruppe wartet man paarweise hintereinander an der Einmündung, bis die letzten Reiter aufgeschlossen haben. Anschließend sichern zwei erfahrene Reiter mit verkehrssicheren Pferden auf beiden Seiten in ausreichendem Abstand (ca. 50 bis 100 Meter oder vor einer Kurve) die Straße und warnen andere Verkehrsteilnehmer vor dem Verband. Nach der Freigabe durch die beiden Reiter überquert die Reitergruppe auf Kommando zügig die Straße und sammelt sich auf der anderen Seite. Dabei reiten die Ersten unbedingt so weit in den neuen Weg hinein, dass alle Pferd-Reiter-Paare Platz haben und kein Knäuel vor der Einmündung entsteht.

Muss zum Überqueren ein Stück die Straße entlanggeritten werden, gehen die Reiter im Abstand von einer Pferdelänge in der Regel einzeln hintereinander. Erreicht der führende Reiter den gewünschten Weg, wenden alle Reiter gleichzeitig auf das Kommando „links kehrt marsch" ihre Pferde nach links ab und überqueren auf kürzestem Weg die Straße, um sich am linken Fahrbahnrand wieder hintereinander einzureihen und zügig gegen die Fahrtrichtung bis zur Einmündung zu reiten. Der Anfangs- und der Schlussreiter zeigen anderen Verkehrsteilnehmern jeweils durch ein deutliches Handzeichen (wie beim Fahrradfahren) die Richtungsänderung an.

Wenn die Sicherheit auch verführerisch ist: Das Reiten und Führen von Pferden ist auf Geh- und Fahrradwegen nicht erlaubt. Verboten ist auch das Führen von Pferden von Kraftfahrzeugen und Fahrrädern aus.

Beim Reiten auf Straßen sollte man besonders aufmerksam sein, um nicht böse überrascht zu werden. Anderen Verkehrsteilnehmern muss stets klar sein, wo Pferd und Reiter hinwollen.

131

Selbstständig reiten

Wer sich sicher im Sattel fühlt und auch am Boden souverän mit Pferden umgeht, wird irgendwann nach neuen Perspektiven suchen. Selbstständig reiten, nur Mensch und Pferd allein in die Natur, wann immer man Lust hat, ohne den (Gruppen-)Zwang einer Reitstunde. Für Reiter, die mehr wollen, für ein eigenes Pferd jedoch noch nicht den Mut oder das nötige Geld haben, gibt es verschiedene Wege in die Selbstständigkeit.

Das Pflegepferd

Viele Reitschulen vertrauen fortgeschrittenen Reitschülern ein Pflegepferd an, um das diese sich außerhalb des Schulbetriebs kümmern können. Vor allem Kindern und Jugendlichen, die sowieso nicht ohne Begleitung eines Erwachsenen ins Gelände sollten, erfüllt das Pflegepferd meist ausreichend das Gefühl vom eigenen Pferd. Schließlich teilen nicht alle Familien den Spaß am zeitaufwändigen Hobby ihres Nachwuchses oder haben einen Geldbeutel, der dem Sprössling locker ein eigenes Pferd finanziert. Letztendlich ändern sich gerade bei Kindern und Jugendlichen immer mal wieder die Interessen und so lässt sich verhindern, dass am Ende vielleicht sogar ein teurer Vierbeiner gelangweilt im Stall steht.

Auch Schulpferde freuen sich über liebevolle Zuwendung einer festen Bezugsperson. Die Pflegearbeiten rund um das Reiten vermitteln kleinen und großen Reitern einen ersten Eindruck von den Bedürfnissen eines Pferdes und dem zeitlichen und finanziellen Aufwand, um diese zu befriedigen. Außerdem können sie erstmals auch einen kleinen Teil der Verantwortung für ein Tier übernehmen. Manch privater Pferdehalter, der über das Reiten hinaus wenig Zeit für seinen Vierbeiner hat, freut

Ein eigenes Pferd oder ein Reitbeteiligungspferd zu haben, heißt eigenverantwortlich zu handeln, mit einem Mehr an Freiheit und Spaß.

sich ebenfalls über einen engagierten Helfer, der dem Pferd regelmäßig Weidegang verschafft, mit ihm spazieren geht oder zwischendurch die Lederpflege übernimmt. Im Gegenzug darf der Betreuer „sein" Pferd hin und wieder reiten.

Beim Pflegepferd vereinbaren Pfleger und Besitzer, welche Freiheiten der Betreuer hat und wer haftet, wenn Pfleger und Pferd einen Unfall haben oder verursachen. Vor allem bei Kindern und Jugendlichen sorgen eindeutige Abmachungen zwischen Pferdebesitzer und Pfleger sowie deren Eltern für klare Verhältnisse und ersparen Ärger und Enttäuschung.

Die Reitbeteiligung

Wer öfter als nur ab und zu eine Möglichkeit zum selbstständigen Reiten sucht, ist mit einer Reitbeteiligung meist gut beraten. Pferdebesitzer, die eine Entlastung ihres eigenen Zeitbudgets oder Geldbeutels suchen, stellen pferdelosen Reitern gegen eine Kostenbeteiligung ihren Vierbeiner zur Verfügung.

Hier muss jedoch nicht nur die Chemie zwischen Reitbeteiligung und Pferd, sondern auch mit dessen Besitzer stimmen. Einigkeit in Fragen der Haltung, Pflege und zum Umgang sind wichtig. Die Reitweise und die reiterlichen Fähigkeiten sollten dem Pferd zuliebe auf einem ähnlichen Niveau sein. Ein regelmäßiger und intensiver Austausch über das Training des Pferdes ist wichtig für ein langfristiges und gutes Verhältnis und eine solide Vertrauensbasis.

Bereits im Vorfeld sollten beide Seiten ihre gegenseitigen Erwartungen hinsichtlich der Häufigkeit und Intensität des Reitens, zusätzlicher Arbeiten wie Ausrüstungspflege, Stall- und Koppeldienst, über die Teilnahme an Unterricht, Reitkursen oder Turnieren, aber auch über die Verfügbarkeit des Pferdes an den begehrten Wochenenden formulieren. In einem Reitbeteiligungsvertrag hält man die wichtigsten Punkte dazu am besten schriftlich fest. Dazu gehört auch, wie man verfährt, wenn das Pferd krank ist und der Reitbeteiligung eine Weile nicht zur Verfügung steht.

Eine Reitbeteiligung sollte vom Pferdebesitzer durch die Absicherung des Fremdreiterrisikos ausreichend haftpflichtversichert sein. Diese deckt meist die Schäden ab, die das Pferd im Beisein der Reitbeteiligung verursacht. Kommt die Reitbeteiligung durch das Pferd zu Schaden, haftet der Tierhalter aus eigener Tasche, wenn er solche Schäden nicht extra absichert. Als Reitbeteiligung sollte man in jedem Fall aber selbst eine Haftpflicht- und Unfallversicherung haben.

Manche erfüllen sich den Traum vom eigenen Pferd mit einem Fohlen. Dann sollte man bereits erfahren in der Ausbildung sein oder einen guten Ausbilder an der Hand haben.

Ein eigenes Pferd?

Wer vom Reitsport einmal richtig gepackt ist, wird sich immer wieder die Frage stellen, ob ein eigenes Pferd nicht am ehesten alle Träume erfüllen würde. Hier gilt es jedoch drei wichtige Punkte zu checken:

Kann ich mir ein Pferd finanziell leisten? Die geringsten Kosten sind die Anschaffungskosten, so zieht zum Beispiel ein vermeintlich günstiges Fohlen nicht unerhebliche Ausbildungskosten nach sich. Hinzu kommen monatliche Unterhaltskosten für Stall, Futter und regelmäßige Schmiedbesuche, die sich im Lauf der Jahre zu vielen Tausend Euro summieren können. Außerdem braucht man Reserven für unvorhergesehene Tierarztkosten, will man den Vierbeiner nicht schon beim ersten Anlass im Stich lassen.

Habe ich genug Zeit für das Pferd? Was während Schule und Ausbildung oft noch kein Problem ist, kann mit Beruf und Familie schnell zum knappen Faktor werden – die Zeit. Artgerechte Haltungsformen und eine Reitbeteiligung können knappe Zeit ein Stück weit kompensieren. Wer kaum öfter als zweimal pro Woche zum Pferd kann, sollte vielleicht selbst den Weg als Reitbeteiligung einschlagen, den es ist auch ebenso aufwendig, die Reitbeteiligung zu organisieren.

Machen der Partner oder die Familie mit? Das Pferd ist mehr Familienmitglied als Sportgerät und sollte vom Partner oder der Familie auch so gesehen werden. Schnell gerät sonst der finanzielle und zeitliche Aspekt zum Dauerstreitpunkt.

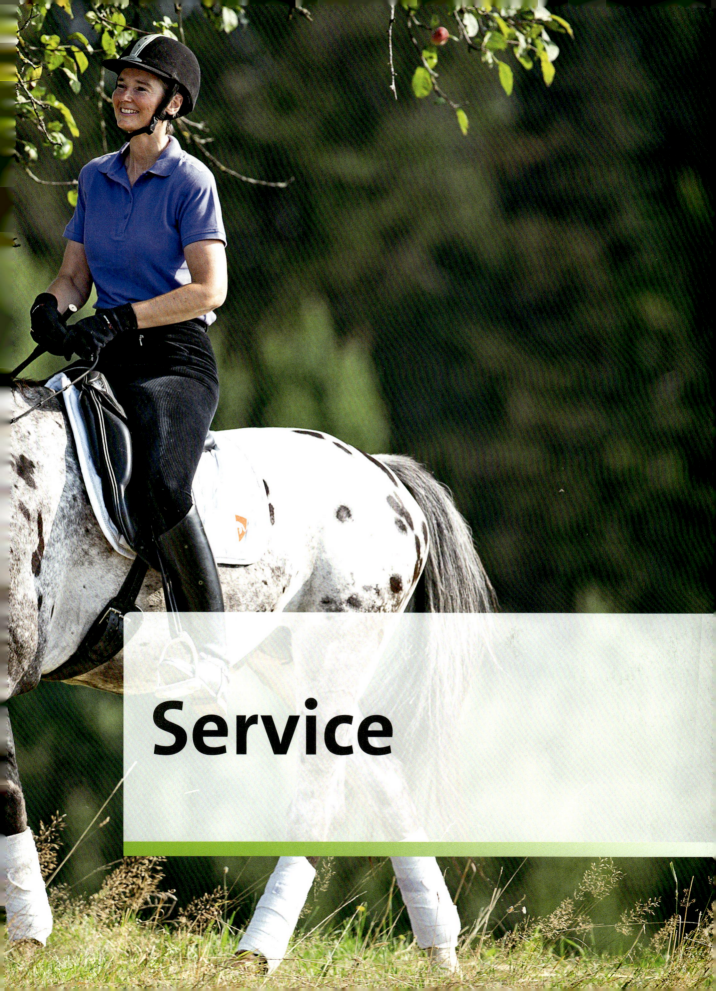

Service

Kleines Lexikon

Backenzähne
24 Stück hat ein gesundes erwachsenes Pferd, je sechs auf jeder Seite des Ober- und Unterkiefers

Biegung
Seitwärtsbewegung der Pferdewirbelsäule in den Wirbelgelenken; im Hals und Lendenbereich ist mehr Biegung, im Brustbereich (Sattellage) weniger möglich.

Durchlässigkeit
Gehorsames und zwangloses Annehmen der Reiterhilfen

Durchparieren
Der Wechsel von einer Gangart in eine langsamere oder zum Anhalten

Durchs Genick gehen
Abkippen des Pferdes im Genick, am besten bei senkrechter Nasenlinie

Equidenpass
„Personalausweis" des Pferdes, in dem Angaben zu Abstammung, Farbe und Fellmerkmalen (Zeichnung), Impfungen und Schlachtung festgehalten sind, ergänzt durch eine Besitzurkunde – ähnlich wie Fahrzeugschein und Fahrzeugbrief.

Exterieur
Gebäude und äußere Merkmale des Pferdes

Falscher Knick
Das Pferd kippt den Hals nicht im Genick, sondern zwischen dem 3. und 4. Halswirbel ab.

Fundament
Gliedmaßen des Pferdes und ihre Knochenstärke sowie Stellung im Skelett

Gewichtshilfen
Signale durch Gewichtsverlagerung des Reiters im Sattel

Innen
Die hohle Seite des gebogenen Pferdes, unabhängig davon, wo die Innenseite der Bahn liegt

136

Interieur
Innere Eigenschaften wie Charakter und Leistungsbereitschaft

Hilfen
Mittel zur Kommunikation mit dem Pferd. Es gibt Gewichts-, Schenkel- und Zügelhilfen, außerdem Hilfen durch Stimme, Gerte und Sporen.

Hilfszügel
Zusätzliche (Zügel-)Verschnallungen zwischen Gebiss und Sattel/Reiterhand, die es dem Reiter erleichtern sollen, das Pferd in korrekter Haltung zu reiten.

Hinterhand
Kruppe, Becken, Hinterbeine und Schweif des Pferdes

Hufeisen
Geschmiedeter Eisenring zum Schutz der Hufsohle vor Abnutzung und Verletzung

Kardätsche
Ovale Bürste mit kurzen, dicht geknüpften Naturborsten, angenehm für das Pferd

Kreuz
Kreuz-Darmbein-Gelenk des Reiters; Verbindung zwischen Becken und Wirbelsäule. „Kreuz anspannen" heißt aufrichten des Beckens durch Aktivierung der Bauchmuskulatur.

Laden
Zahnloser Teil des Kiefers zwischen Schneide- und Backenzähnen, Platz für das Gebiss

Mittelhand
Pferdekörper zwischen Schulter und Lende – der tragende Teil. Analoger Begriff zu Vor- und Hinterhand

Paraden
Eine Kombination aus treibenden Gewichts- und Schenkelhilfen sowie annehmenden Zügelhilfen. Einmalig gegeben zur Vorbereitung auf neue Aufgaben oder zum Verringern von Tempo und zum Gangartenwechsel (halbe Parade), oder mehrmals in Folge zum Anhalten (ganze Parade).

Rittigkeit
Willigkeit des Pferdes, auf Hilfen unmittelbar und richtig zu reagieren

Sattellage
Tragfähige Partie der (Brust-) Wirbelsäule zwischen Schulter und einer gedachten Linie zwischen dem Ende des Rippenbogens und der Wirbelsäule

Schneidezähne
Davon besitzt ein Pferd 12, sechs oben und sechs unten.

Stalluntugenden
Aggressive oder gesundheitsschädliche Verhaltensweisen, entstehen durch Langeweile oder schlechte Haltungsbedingungen

Stellung
Horizontal gebogene Halswirbelsäule zwischen Schulter und Genick

Striegel
Putzgerät zum Aufrauen des Fells und zum Lockern von Schmutz, aus Metall, Gummi oder Plastik

Übergänge
Zulegen und Zurückführen des Tempos in einer Gangart oder Gangartenwechsel mit deutlichen Tempounterschieden

Volte
Kreis zwischen sechs und zehn Metern Durchmesser

Vorhand
Alle Körperteile des Pferdes zwischen Schulter und Kopf (vor der Reiterhand)

Zirkel
Kreislinie mit dem Durchmesser der Länge der kurzen Seite der Bahn

Zügel
Verbindung zwischen Gebiss oder gebissloser Zäumung und Reiterhand, aus Leder, Gummi- oder Gurtband

137

Zum Weiterlesen

Behling, Silke: **Pferderassen**, Die 100 beliebtesten Rassen; KOSMOS 2016
Ein praktisches und kompaktes Nachschlagewerk. Silke Behling stellt die 100 beliebtesten Pferderassen anhand von informativen Texten und vielen Farbfotos vor. So setzen Sie aufs richtige Pferd!

Binder, Sibylle L.: **Pferderassen**, Herkunft und Eignung, Temperament und Wesen; KOSMOS 2015
Die Vielfalt der Pferderassen ist groß und jede Rasse hat ihre Liebhaber. Sibylle Luise Binder gibt Einblicke in die Besonderheiten der Rassen und stellt herausragende Vertreter in kurzen Porträts vor. Wunderschöne Fotos laden dazu ein, sich nicht nur mit der eigenen Lieblingsrasse zu befassen, sondern auch über die Pferde anderer Länder und Zuchten zu lesen.

Marlie, Wolfgang: **Pferde – wie von Zauberhand bewegt**; Edition WuWei bei KOSMOS 2016
Es muss kein Traum bleiben, Pferde wie von Zauberhand bewegen und reiten zu können. Wolfgang Marlie widmet sich seit Jahrzehnten der Frage, wie sich Mensch und Pferd näherkommen und eine gute Basis der Verständigung finden können, damit sich beide wohlfühlen. Denn wenn Pferd und Reiter Freude empfinden, dann sind sie wie von Zauberhand bewegt. Auch als E-Book erhältlich.

Neumann-Cosel, Isabelle von: **Reitersitz und Reiterhilfen**; KOSMOS 2016
Nur wer ausbalanciert und richtig im Sattel sitzt, kann die reiterlichen Signale so vermitteln, dass sie beim Pferd korrekt ankommen. Die dazu passenden Übungen mit unterschiedlichem Schwierigkeitsgrad lassen das Gelernte direkt in die Praxis umsetzen.

Müller, Karin: **HippoSophia**; KOSMOS 2016
Wer schon einmal in einem Pferdestall war und die friedliche Atmosphäre spüren konnte, weiß: Pferde und ihr Umfeld tun uns gut. Wir stärken und entwickeln uns durch die Pferde, doch wir können ihnen auch viel geben, sodass ein gegenseitiges Fördern und Wachsen entsteht. Wie der Stall ein Ort der Heilung werden kann und welche Rolle Mensch und Pferd dabei spielen, wird in diesem Buch erstmals tiefgehend beschrieben und wissenschaftlich belegt.

Schöpe, Sigrid: **Bodenarbeit mit Stangen und Pylonen**; KOSMOS 2016
Bodenarbeit ist Basisarbeit. Nur ein Pferd, das sich ruhig führen lässt und seinem Besitzer vertrauensvoll folgt, ist ein sicheres Pferd. Aus diesem Grund ist Bodenarbeit auch ein wichtiger Teil der Prüfungen zu den Reitabzeichen der FN.

Stern, Horst: **So verdient man sich die Sporen**; KOSMOS 2015
Die populärste Reitlehre der Welt im wunderbaren und unnachahmlichen Stil von Horst Stern – seit über 30 Jahren unerreicht! Horst Stern lernte selbst reiten, um dieses Buch schreiben zu können – und weiß daher genau, was Reiteinsteiger wissen wollen.

Wiemer, Sibylle: **Hufschlagfiguren** kennen und präzise reiten; KOSMOS 2015
Das korrekte Reiten von Hufschlagfiguren gehört zu jeder Reitstunde und ist das A und O der Ausbildung von Pferd und Reiter. Die erfahrene Reitlehrerin Sibylle Wiemer stellt in diesem kompakten Ratgeber alle wichtigen Bahnfiguren mit praktischen Tipps für Sitz und Hilfegebung vor.

Nützliche Adressen

Spannende Informationen zu unseren Bücher und Autoren, Wissenswertes rund um das Thema Pferd sowie Messe- und Veranstaltungshinweise finden Sie auf **facebook.com/kosmos.pferde**

Deutsche Reiterliche Vereinigung (FN)
Freiherr-von-Langen-Str. 13
D-48231 Warendorf
Tel. +49-(0)2581-63620
www.pferd-aktuell.de

Vereinigung der Freizeitreiter und -fahrer in Deutschland (VFD)
Christiane Ferderer
Zur Poggenmühle 22
D-27239 Twistringen
Tel. +49-(0)4243-942404
www.vfdnet.de

Österreichischer Pferdesportverband (OEPS)
Geiselbergstr. 26–32/Top 512
A-1110 Wien
Tel. +43-(0)1-7499261
www.oeps.at

Schweizerischer Verband für Pferdesport (SVPS)
Papiermühlestr. 40 H
CH-3000 Bern 22
Tel. +41-(0)31-3354343
www.fnch.ch

FS Reit-Zentrum Reken
Frankenstr. 35
D-48734 Reken
Tel. +49-(0)2864-2434
www.fs-reitzentrum.de

Register

Absitzen 67
Absprungpunkt 114 f.
Abstand 91, 128 ff.
Abteilungsreiten 21
Abzeichenprüfung 120 f.
Alexander-Technik 102
Alter 8 ff.
Anbinden 55, 61
Angaloppieren 87
Angst 10, 70 f., 75
Anhalten 97 f.
Anlehnung 107
Anreiten 82 f.
Antraben 86
APO 120
Arbeitsgalopp 86
Arbeitstrab 84
Aufsitzen 66
Aufstiegshilfe 67
Auftrensen 60
Aufwärmen 62 f., 100 f.
Ausbinder 47
Ausreiten 124 ff.
Ausrüstung 13
Außengalopp 86 f.
Ausschreibung 122
Aussitzen 84 f.

Bahnpunkte 92
Bahnregeln 90
Balance 76 f., 115
Barockreiten 24 f.
Basispass Pferdekunde 120 f.
Beleuchtung 130
Bergab reiten 126
Bergauf reiten 126
Biegung 95
Bodenarbeit 55
Bosal 25, 45

Cavaletti 114 f.
Centered Riding 103
Chaps 38 f.
Connected Riding 103
Cummings, Peggy 103

Dehnübungen 63
Dehnungshaltung 94

Deutsches Reitabzeichen 120 f.
Distanzen 115
Disziplinen 14 f.
Doma Vaquera 24
Drehsitz 73, 95, 110
Dreitakt 86 f.
Dressurreiten 22 f.
Dressursitz 73
Durchgehen 99
Durchlässigkeit 99, 106
Durchparieren 97 f.

Ecke ausreiten 95
Einfangen 54
Einohrtrense 49
Einsteigerkurse 11
Einzelunterricht 20
Englisches Reithalfter 45, 61
Equidenpass 122
Exterieur 28 f.

Feldenkrais-Methode 102 f.
Fellpflege 31
Ferienreitkurse 9
Fesselstand 28 f.
Fitnessübungen 62 f.
Flachrücken 75
Fluchtinstinkt 31, 52
FN 120 f.
Führen 53 ff.
Füttern 53

Galopp reiten 86 f.
Gamaschen 46 f.
Gangpferde 15, 25, 88
Ganze Bahn 92
Gebiss 44 ff., 49, 60 f.
Geländehindernisse 126 ff.
Geländeregeln 125
Geländereiten 124 ff.
Geraderichten 107
Gerte 80 f.
Gertenlänge 81
Geschicklichkeitsübungen 112
Gewichtshilfen 77
Gleichgewicht 76 f.
Glocken 47
Grundausbildung 15

Grundbedürfnisse 30, 34 f.
Gymnastizierung 94 f., 106

Halbe Bahn 92
Haltung 34 f.
Hand, linke 91
Hand, rechte 91
Handpferdereiten 113
Handschuhe 39
Handwechsel 91, 100
Hankenbeugung 107
Hannoversches Reithalfter 45, 61
Hilfen 76 f.
Hilfen, diagonale 95
Hilfsmittel 80 f.
Hilfszügel 46 f.
Hindernisse 116 f.
Hinterhandwendung 109
Hohe Schule 24
Hohlkreuz 75
Horsemanship 19
Hufeisen, großes 121
Hufeisen, kleines 121
Hufpflege 56 f.
Hufschlagfiguren 92 f.

Interieur 30

Jodhpurhose 38 f.

Kaliber 28
Kandare 44
Kardätsche 57
Kinder 8 f.
Klassische Reitweise 15, 24 f.
Kleingruppe 20 f.
Kombiniertes Reithalfter 45, 61
Koppel 54 f.
Körperpflege 56 f.
Körpersprache 32 f., 52 f.
Kosten 12 f., 20 f.
Kreuz anspannen 77
Kreuzgalopp 87
Kurzkehrt 109

Lederbesatz 39
Lederpflege 48 f.
Leichttraben 85

140

Lindel 45
Linksgalopp 86 f.
Longenstunde 68 f.
Lösephase 100 f.
Losgelassenheit 69, 71, 74 f., 101
LPO 138

Mähne verziehen 57
Martingal 47
Mexikanisches Reithalfter 45
Mittelgalopp 86
Mittelschritt 82
Mitteltrab 84
Motivation 118 f.
Muskelkater 62 f., 101

Nachgurten 59
Natürliche Schiefe 94
Olivenkopftrense 44

Oxer 117

Paraden 79, 96 f.
Pass 25, 89
Passveranlagung 83
Pelham 44
Pessoa 44
Pferd, eigenes 12
Pferdesprache 32 f.
Pflegepferd 132 f.
Pluvinel, Antoine de 24
Putzbox 57
Putzen 56 f.

Rangordnung 30 f.
Rechtsgalopp 86 f.
Reitabzeichen 120 f.
Reitbeteiligung 12, 133
Reiteignung des Pferdes 28 f.
Reiternadel 121
Reitersitz 72 ff.
Reitgymnastik 62 f.
Reithalfter 45, 61
Reithelm 12, 16, 40
Reithose 38 f.
Reitkleidung 13, 38 f.
Reitkunst, Klassische 15, 24 f.
Reitlehrer 16 ff., 118 f.
Reitrecht 124
Reitschule 16 f.
Reittherapie 8
Reitunterricht 16 f., 20 f.
Reitverein 13, 122

Reitweisen 14 ff., 24 f.
Renngalopp 86
Rennpass 89
Renvers 111
Ringmartingal 47
Rückenprotektoren 41
Rückwärtsrichten 99
Rundrücken 75

Sattel 42 f.
Sattellage 29, 59
Satteln 58
Sattelunterlage 42, 49
Schenkelhilfen 78
Schenkelweichen 110
Schiefe, natürliche 94, 107
Schlangenlinien 93
Schmieden 85
Schritt reiten 82 f.
Schubkraft 28
Schulpferde 17, 19
Schulterherein 111
Schwebephase 84
Schweifpflege 57
Schweifriemen 59
Schwung 107
Seitengänge 110 f.
Sicherheitsknoten 55
Sicherheitsregeln 52 f.
Sicherheitswesten 41
Side Pull 25, 45
Sitz 72 ff.
Sitz, leichter 87, 114
Sitzbeinhöcker 77
Sitzprobleme 74 f.
Skala der Ausbildung 106 f.
Skoliose 75
Snaffle Bit 25
Spaltsitz 75
Späteinsteiger 10
Spezialunterricht 13
Sporen 81
Springgymnastik 114
Springreiten 22 f., 114 ff.
Stehen, korrektes 99
Steigbügellänge 59
Steilsprung 117
Steinbrecht, Gustav 24
Stellung 94 f.
Stimmhilfen 80
Stimmkommandos 80
Stockmaß 28
Straßenverkehr 128 ff.

Stretching 63
Striegel 57
Stuhlsitz 75

Tellington-Jones, Linda 103
Tölt 25
Tölt reiten 88
Trab reiten 84 f.
Tragkraft 28
Trailparcours 112
Travers 111
Tripplebarre 117
TT.E.A.M-Methode 103
Turnier 22 f., 122 f.

Übergänge 96
Unterrichtsformen 20 f.

Verein 13, 122
Versammlung 101, 107
Vertrauen 52
Verweigern 117
Vielseitigkeit 23
Vierschlaggalopp 87
Viertakt 82 f., 88 f.
Vollsitz 73
Volte 93, 95
Voltigieren 9
Vorderzeug 59
Vorhandwendung 108
Vorwärts-Seitwärts-
   Bewegungen 110

Wasserdurchritt 127
Wassertrense 44
Weitsprünge 117
Westernreiten 15, 24 f.

Xenophon 24

Zackeln 83
Zäumen 60
Zeitaufwand 12
Zirkel 92 f., 95
Zügelhaltung 73, 79
Zügelhilfen 79
Zügellänge 79, 97
Zweitakt 84 f.

Bildnachweis

Mit 223 Fotos von Lynne Blazer/Kosmos (1): S. 103; Jean Christen/Kosmos (1): S. 97 u.; www.RamonaDuenisch.de/Kosmos (4): S. 16 o., 21 u., 69 l., 69 r.; www.RamonaDuenisch.de (15): S. 133, 10 r., 41 u., 44 u., 45 o., 47 o., 47 u., 48 u., 49 l., 54 u., 57 u., 71 l., 97 o., 109 o., 118 u.; Klaus-Jürgen Guni/Kosmos (3): S. 13 r., 31, 42 u.; Lothar Lenz/Kosmos (5): S. 21 o., 70 u., 75 o. l., 75 o. r., 81 u.; Gabriele Metz/Kosmos (26): S. 4 u., 11 o., 15 u., 17 o., 18 o., 20 o., 22 u., 66 o., 72 o., 74 o., 84 u., 90 o., 90 u., 91, 92, 96 o., 98 M., 98 u., 106 o., 106 u., 107 l., 107 r., 110 u., 111 l., 111 r., 132 u.; Michael Fuchs (1): S. 89; Sandra Reitenbach/Kosmos (2): S. 54 o., 55 o.; Christof Salata/Kosmos (10): S. 15 o., 33, 39 u., 71 r., 113 u., 117 l., 123 l., 123 r., 131 u., 132 o.; Edgar Schöpal/Kosmos (1): S. 102 o.; Christiane Slawik (41): S. 4 o., 5, 6/7, 8 o., 12, 14 o., 22 o., 24 o., 24 u., 26/27, 28 o., 30 o., 32 o., 34 o., 34 u., 35, 36/37, 38 o., 39 o., 40 o., 41 o., 42 o., 44 o., 46 o., 50/51, 52 o., 56 o., 60 o., 64/65, 70 o., 76 o., 78 o., 80 o., 104/105, 122 o., 122 u., 124 o., 127 o., 134/135, 136 o., 139; Horst Streitferdt/Kosmos (112): S. 8 u., 9, 10 l., 11 u., 13 l., 14 u., 16 u., 17 u., 18 u., 19, 20 u., 23 o., 23 u., 25 o., 25 u., 28 u., 29 o., 29 u., 30 u., 32 u., 40 u., 43 u., 45 u., 46 u., 48 o., 52 u., 53 o., 53 u., 55 u., 56 u., 57 o., 58 o., 58 u. l., 58 u. M., 58 u. r., 59, 60 u. l., 60 u. l., 60 u. r., 61, 62, 63 o. l., 63 o. r., 63 u. l., 63 u. r., 66 u. l., 66 u. M., 66 u. r., 67, 68, 72 u., 73, 74 u. l., 74 u. r., 76 u., 77, 78 u., 79 o., 79 u., 80 u., 81 o., 82 o., 82 u., 84 o., 86, 88, 94 o., 94 u., 95 o., 95 u., 96 u., 98 o., 99, 100 o., 100 u., 101 o., 101 u., 102 u., 108 o., 108 u. l., 108 u. r., 109 u., 110 o., 112, 113 o., 114 o., 114 u., 115 o., 115 u., 116, 117 r., 118 o., 119 o., 119 u., 120, 121 o., 121 u. l., 121 u. r., 124 u., 126 o., 126 u. l., 126 u. r., 127 u., 128 o., 128 u., 129 o., 129 u., 130 o., 130 u., 131 o., 136 u., 137, 138; Ute Tietje/Kosmos (1): S. 49 r.

Mit 13 Farbillustrationen von Cornelia Koller.

Impressum

Umschlaggestaltung von Gramisci Editorialdesign/Cornelia Sekulin, München, unter Verwendung von 2 Farbfotos von Christiane Slawik.

Mit 223 Farbfotos und 13 Illustrationen.

> Alle Angaben und Methoden in diesem Buch sind sorgfältig erwogen und geprüft. Sorgfalt bei der Umsetzung ist dennoch geboten. Verlag und Autor übernehmen keinerlei Haftung für Personen-, Sach- oder Vermögensschäden, die im Zusammenhang mit der Anwendung und Umsetzung entstehen können.

Unser gesamtes Programm finden Sie unter **kosmos.de**.
Über Neuigkeiten informieren Sie regelmäßig unsere
Newsletter, einfach anmelden unter **kosmos.de/newsletter**

Gedruckt auf chlorfrei gebleichtem Papier

© 2016, Franckh-Kosmos Verlags-GmbH & Co. KG, Stuttgart.
Alle Rechte vorbehalten
ISBN 978-3-440-12426-0
Redaktion: Birgit Bohnet
Gestaltung und Satz: DOPPELPUNKT, Stuttgart
Produktion: Nina Renz
Druck und Bindung: FIRMENGRUPPE APPL, aprinta druck, Wemding
Printed in Germany / Imprimé en Allemagne

—— Die Vielfalt der Pferde kennenlernen

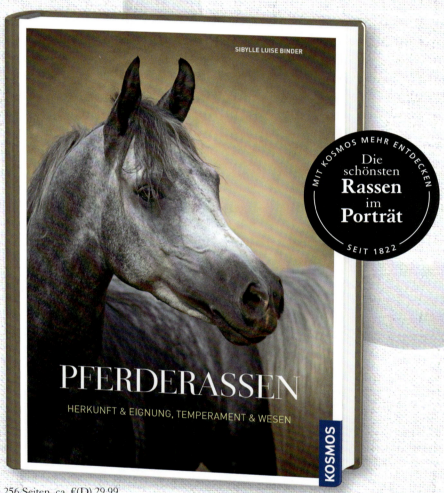

256 Seiten, ca. €(D) 29,99

Die Vielfalt der Pferderassen ist groß und jede Rasse hat ihre Liebhaber. Sibylle Luise Binder gibt Einblicke in die Besonderheiten der Rassen und stellt herausragende Pferde in kurzen Porträts mit allen Infos zu Herkunft, Eignung, Temperament und Wesen vor. Wunderschöne Fotos laden dazu ein, sich nicht nur mit der eigenen Lieblingsrasse zu befassen, sondern auch über die Pferde anderer Länder und Zuchten zu lesen.

kosmos.de

Grundausbildung für Reiter und Pferd

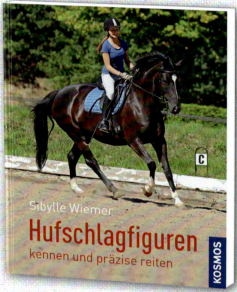

112 Seiten, ca. €(D) 14,99

Das korrekte Reiten von Hufschlagfiguren gehört zu jeder Reitstunde und ist das A und O der Ausbildung von Pferd und Reiter. Die erfahrene Reitlehrerin Sibylle Wiemer stellt in diesem kompakten Ratgeber alle wichtigen Bahnfiguren mit praktischen Tipps für Sitz und Hilfengebung vor. Dabei zeigt sie wie die Reitsunden abwechslungsreicher gestaltet werden können und wie Hufschlagfiguren garantiert gelingen. Mit Extra-Tipps für Einzel- und Abteilungsreiter.

Seit 2014 gibt es ein offizielles FN-Abzeichen „Bodenarbeit". Bodenarbeit ist mittlerweile auch ein wichtiger Bestandteil der Reitabzeichenprüfungen 10 bis 5 der Deutschen Reiterlichen Vereinigung. Dieser kompakte Fotoratgeber zeigt, wie gute Bodenarbeit gelingt: Vom korrekten Führtraining bis hin zum Geschicklichkeitstraining mit Stangen und Pylonen werden alle Aufgaben Schritt für Schritt erklärt.

96 Seiten, ca. €(D) 9,99

kosmos.de